La
Curacion
a nivel
Celular

Título original: CELL-LEVEL HEALING
Traducido del inglés por Elena González Álvarez
Diseño de portada: Editorial Sirio, S.A.

©   Fotografía de portada
     Benjaminet - Fotolia.com

©   de la edición original
     2006, Joyce Whiteley Hawkes

©   de la presente edición

EDITORIAL SIRIO, S.A.	**EDITORIAL SIRIO**	**ED. SIRIO ARGENTINA**
C/ Panaderos, 14	Nirvana Libros S.A. de C.V.	C/ Paracas 59
29005-Málaga	Camino a Minas, 501	1275- Capital Federal
España	Bodega n° 8,	Buenos Aires
	Col. Lomas de Becerra	(Argentina)
	Del.: Alvaro Obregón	
	México D.F., 01280	

www.editorialsirio.com
E-Mail: sirio@editorialsirio.com

I.S.B.N.: 978-84-7808-735-8

Impreso en India

Dra. Joyce Whiteley Hawkes

La
Curacion
a nivel
Celular

editorial irio, s.a.

Dra. Joyce Whitley Hawkes

La
Curacion
a nivel
Celular

editorial Sirio, s.a.

SOBRE *LA CURACIÓN A NIVEL CELULAR*

"La ciencia y el espíritu se entrelazan con belleza y perspicacia en esta exquisita obra. En ella, Joyce Hawkes nos ofrece una visión de la sanación que verdaderamente consigue restablecer la unión entre dos mundos que durante siglos nos hemos empeñado en mantener separados por nuestra propia cuenta y riesgo. 'El puente entre el alma y las células' es más que la acertada metáfora que la autora usa para describir esta relación; se trata en realidad de una alianza de sabiduría y ciencia a través de la cual se nos abre un camino de gran sanación".

JAMES O´DEA, presidente
del Instituto de Ciencias Noéticas.

"Joyce Hawkes combina y completa las hasta ahora irreconciliables concepciones que teníamos sobre los roles de la ciencia y el espíritu en el mundo de la sanación. Su bella visión de cómo las células albergan el poder del universo en su interior nos habla de la profunda comprensión que la autora tiene sobre la interconexión que existe entre los planos de lo espiritual y lo físico. Todo este conocimiento lleva a Joyce a invitarnos a salvar las distancias entre lo tangible y lo intangible. Así, presenta ante nosotros el potencial de la autosanación que se alberga en nuestro interior. Su libro es, en sí mismo, la comunión del arte y la ciencia de la sanación".

DOCTORA JOAN C. KING, profesora emérita
de la Facultad de Medicina de la
Universidad de Tufts y autora de *Cellular Wisdom*.

"La naturaleza intrínseca de nuestro ser nace primordialmente de un conocimiento puro y luminoso, donde el cuerpo y la mente son la expresión unificada de esta realidad. La doctora Hawkes, con su intuitivo trabajo, pone en consonancia sus conocimientos científicos y las herramientas que ella misma ha diseñado, que nos ayudarán a aplicar todo ese saber con la intención de que se alivie nuestro sufrimiento y se impulse nuestra percepción espiritual. *La curación a nivel celular* clarifica con una esperadísima nueva luz la interdependencia que existe entre nuestros mundos interior y exterior. En este sentido, el libro nos sirve de guía práctica cuando nos enfrentamos a los retos que supone la enfermedad, a la vez que nos apoya en nuestro camino de transformación personal".

DZOGCHEN PONLOP RINPOCHE, fundador y presidente
de Nalandabodhi y Nitartha Internacional, y autor de *Wild Awakening: The Heart of Mahamudra and Dzogchen*.

*La sanación se produce
del mismo modo que la creación:
célula a célula,
resplandeciendo,
fluyendo a través de sus moléculas,
agitando sus aguas para darles vida.*

Prólogo

La historia la escriben aquellos en cuya alma arde el afán de superar las barreras establecidas. Sus actos de valentía, sus descubrimientos científicos, sus mensajes de paz y esperanza, son como los caminos iniciáticos que hacen emerger para nosotros el misterio y que cambian para siempre el paradigma humano. Sólo ellos han sido capaces de viajar hasta los confines del conocimiento y regresar de nuevo.

El poeta Theodore Roethke escribió: "Aprendo yendo adonde tengo que ir", a lo que yo añadiría: "Enseñamos lo que necesitamos aprender". Ambas frases describen el viaje que tuvo que emprender la doctora Joyce Whiteley Hawkes hasta llegar a desarrollar la magnífica labor a la que dedica ahora su vida. Comenzó su andadura como biofísica, y descubrió su vocación de sanadora tras sufrir una experiencia cercana a la muerte. Entregada a ayudar a sus semejantes desde hace ya más de veinte años, Joyce Hawkes combina y completa las hasta ahora irreconciliables concepciones que teníamos sobre los roles de la ciencia y el espíritu en el mundo de la sanación: alcanzando lo tangible, las células; desde lo intangible, el espíritu.

Cuando hace siete años conocí a Joyce, inmediatamente fui consciente del poder que suponían sus profundos conocimientos en biología al unirse con su experiencia como sanadora. En este libro nos desvela un saber aún mayor sobre la interconexión que existe entre lo espiritual y lo físico. La historia que aquí nos narra entrelaza estos dos planos para darnos cuenta de su visión única sobre las células, que son el centro energético del universo. A la vez, nos ofrece principios concretos que nos dirigen paso a paso, por medio de sencillos ejercicios y bellas imágenes, a descubrir la autosanación.

Más allá de describirnos este proceso según ella lo comprende, más allá de acercarnos a su concepto del bienestar, sus palabras nos plantean nuevos horizontes de conocimiento sobre la naturaleza de la realidad, el tiempo y el espacio. Joyce nos coloca ante un mundo nuevo en el que lo físico se revitaliza a través de lo espiritual.

Nuestros corazones se llenan así de misericordia ante la posibilidad que la doctora les proporciona de abrirse en comunión con nuestro ser verdadero, y con el universo que nos rodea. Nuestras manos se llenan de energía sagrada. Joyce nos sitúa de pie sobre el puente que ella misma ha construido entre el alma y las células, abrazando a ambos en un despertar promovido por su propio viaje de aprendizaje.

Te invito a que camines ahora junto a ella, a que de su mano realices un salto cuántico más allá de las células físicas, y alcances así la espiritualidad contenida en las palabras de este libro. La doctora Hawkes desea guiarte hacia el amanecer de tu propio renacimiento en la salud.

La curación a nivel celular nos brinda la oportunidad de que reconsideremos la imagen que tenemos de nuestros cuerpos y que los contemplemos como algo sagrado, a que viajemos más profundamente en el misterio de nuestro potencial humano, y a que disfrutemos del poder del universo que se esconde en nuestras células.

DOCTORA JOAN C. KING, profesora emérita de la Facultad de Medicina de la Universidad de Tufts y autora de *Cellular Wisdom*.

Agradecimientos

Muchos amigos y pacientes me han inspirado, persuadido e impulsado a escribir este libro. Les doy las gracias a todos ellos de corazón, en particular:

A Teresa Barker, cuya fuerza me mantuvo en pie en los momentos difíciles, y cuyos consejos editoriales mejoraron tanto esta obra.

A la doctora Marilyn Rossner, de Montreal, que más de una vez estuvo ahí para levantarme el ánimo.

A la doctora Marian Svinth y a Gene Slape, mis queridos amigos, que con su coraje y maestría consiguieron que tanto mi ordenador como yo siguiéramos en marcha.

A Chris Standage, Mick Buckley, Dan Trythall, Joyce Izumi y Martha Blomberg; a los doctores Joyce Liechenstein, Fadel Behman y Sally O'Neil, a Hetty Kouw; a los doctores en

Medicina Robert Schore y Melvin Morse; a D. J. Zentner, Kim Clark Sharp, Sandy Woodward, Carla Stehr y Toni Diane Holm, que contribuyeron a este proyecto de tantas maneras.

A mi querida hija, Annalisa, por su vida, su alegría y su amor.

A la Fuente Divina, que creó lugares tan bellos como Mount Baker, que me inspiran y deleitan, y que depositó en nuestro interior los deseos, los medios y los caminos que nos conducen a la salud.

Y por último, pero no por ello menos importante, al equipo de Beyond Words Publishing Inc., por su indudable talento y su integridad como editores.

Introducción

Las herramientas de sanación que se presentan en este libro son sencillas, poderosas y están al alcance de cualquiera que desee beneficiarse de ellas. Residen en tu interior, fueron creadas como parte de tu código genético y son una propiedad natural más del funcionamiento intrínseco de cada célula de tu organismo. Apreciar el regalo que supone nuestro cuerpo es el primer paso hacia la liberación de la energía espiritual que reside en cada uno de nosotros con el único fin de ayudarnos en nuestro viaje vital.

Gracias a esta obra serás capaz de despejar tus bloqueos, estimular el flujo de energía que recorre tu cuerpo y aplicar el conocimiento que aquí te presento acerca de las células, a situaciones y enfermedades específicas a las que puedas tener que enfrentarte a lo largo de tu vida. La valía de las herramientas que te proporciono viene avalada por el tiempo que las llevo poniendo en práctica yo misma, y te las presento para que las adaptes a tu antojo en tu camino hacia la transformación. Puedo asegurarte que su poder es tal que serán capaces incluso de sanar dolencias tan antiguas que ya habías aprendido a vivir con ellas.

Existe un puente que une la realidad ordinaria con otra de carácter espiritual que alcanzaremos a través de la meditación y la luz, la energía de sanación y la sabiduría. Este puente nos conecta directamente con la unidad misma de la vida, con aquello que constituye nuestros cuerpos físicos: la célula. La energía de sanación es capaz de llegar y afectar de forma positiva a su funcionamiento interno. En su interior se acumulan la información, la acción, la energía y la comunicación que sustentan la vida.

Existe un puente que une la realidad
ordinaria con otra de carácter espiritual

Este libro proporciona instrucciones sencillas para ayudarte a encontrar tu propio modo de unir el alma con las células, y está organizado para guiarte fácilmente a través de la experiencia de la curación a nivel celular. Los cinco primeros capítulos se ocupan de los conceptos básicos de los que partimos:

— La conciencia del propio cuerpo, que nos conduce a la gratitud, la compasión y la sanación.
— Los modos de identificar y eliminar bloqueos.
— El principio del flujo, esencial en la curación a nivel celular.

Los capítulos 6 y 7 nos transportan al interior de las células, y nos enseñan cómo prácticamente todas ellas son capaces de realizar las funciones de:

— Información
— Acción
— Energía
— Comunicación

Los capítulos 7 y 8 aplican la curación a nivel celular a enfermedades y situaciones concretas. Además, nos muestran historias reales extraídas de las experiencias que he ido viviendo a lo largo de los veinte años que llevo en mi consulta privada. Todas ellas nos ofrecen ejemplos de cómo es posible recorrer el puente entre el alma y las células.

En la parte central del libro, a partir de la pagina 65, podrás encontrar una sección que contiene fotografías y otras ilustraciones bajo el título "Tu puente entre el alma y las células". Ese apartado te guiará paso a paso a través de una colección de imágenes específicamente elegidas para que relajes tu mente y conectes con tu energía interior de renovación. Son fotos llenas de vida que nos muestran células y otros componentes igualmente bellos del mundo natural, y te invitan a que comiences por ti mismo la práctica de la sanación a través de los sencillos ejercicios de meditación que las acompañan. Escribo este libro con la intención de que te lo guardes en un bolsillo, en la mochila o en el bolso, y que lo lleves siempre contigo, para que así puedas echar mano de él una y otra vez a modo de manual de sanación, descubriendo en cada ocasión un nuevo aspecto del proceso.

Pretendo ayudarte en tu camino hacia la libertad total, dotándote del poder y las habilidades necesarias para sanar con tus propias manos. Aprenderás a explorar los caminos de la salud y la felicidad más allá de los confines que tu imaginación actualmente alcanza. El puente de la sanación se extiende desde el alma hasta nuestras emociones, y desde la mente hasta el conjunto de nuestras células, trayéndonos la paz y la vitalidad, la felicidad y la salud.

Permite que las palabras que encontrarás en las próximas páginas se filtren suavemente en tu mente y te ayuden a iniciar tu propia curación a nivel celular.

1

Cómo una científica se convirtió en sanadora

Ni en mis más extraños sueños podría haber imaginado que me enamoraría de una célula, pero eso fue exactamente lo que me ocurrió la primera vez que observé una de ellas a través de un microscopio electrónico. Tenía frente a mí su imagen, espléndidamente aumentada decenas de miles de veces, mostrándome cada intrincado detalle de su insospechadamente exquisito interior. Bajo el haz de electrones no hay lugar donde esconderse, y aquella célula me revelaba generosamente buena parte de sus secretos. Desde el primer momento, adoré el aspecto de su interior y amé cada una de sus estructuras, que podían ser apreciadas sólo con la ayuda de instrumentos científicos de alta precisión como los que yo manejaba.

Este libro trata precisamente sobre las células y su relación con la energía de sanación. Lo escribo desde mi experiencia como científica especializada en la investigación celular tradicional, pero también como sanadora, en consonancia con el poder que en ellas reside de repararse y renovarse. Durante casi quince años, antes del incidente que cambiaría radicalmente mi visión de la realidad, me dediqué a estudiar el tema y a publicar artículos científicos, centrándome casi siempre en cómo las células enferman y en cómo sobreviven, o no, a la enfermedad.

Este libro trata sobre las células y su relación con la energía de sanación.

Durante la primera parte de mi carrera, mi única pasión fue la ciencia. Me doctoré en la Universidad Estatal de Pensilvania en 1971, en la especialidad de biofísica. Después, me trasladé a Oregón, donde mi plaza posdoctoral en el Instituto Nacional de la Salud me llevó al Centro Regional de Investigación con Primates. Pronto comencé a publicar y a dar conferencias, desde Nueva York hasta Seattle, donde más tarde sentaría las bases para unas instalaciones de investigación con microscopía electrónica destinadas a ser utilizadas por el Servicio Nacional de Vida Marina. Era éste un laboratorio en continua actividad, y muy productivo además, en el que colaboraban conmigo cinco científicos asistentes, así como algunos estudiantes graduados. En aquella época era profesora adjunta en el Departamento de Zoología de la Universidad de Washington, daba conferencias a nivel nacional e internacional, publicaba mis artículos en revistas especializadas y dedicaba la mayor parte de mi tiempo a la investigación con microscopio electrónico. El trabajo que llevaba a cabo consistía entonces en determinar las alteraciones que se producen en las células que se han visto afectadas por agentes contaminantes, como pueden ser los PCBs o los vertidos de petróleo. Llegué a publicar cincuenta documentos científicos, y me concedieron el Premio Nacional del Departamento de Comercio de Estados Unidos. Otro hito en mi carrera fue mi elección como miembro de la Asociación Americana para el Avance de la Ciencia, puesto que aún ocupo en la actualidad.

Mi investigación dependía por completo de la sofisticada tecnología del microscopio electrónico, el cual era capaz de arrojar luz sobre el infinitesimal mundo contenido en el interior de las células. Este tipo de microscopio es de enorme tamaño y pesa alrededor de una tonelada. Su funcionamiento resulta tremendamente complejo, pero es suficiente con saber que su función es lanzar 100.000 voltios de electricidad a través de un filamento bañado de electrones contra una serie de lentes electromagnéticas. Las imágenes que conseguía sirviéndome de esta valiosa herramienta, ampliadas hasta un millón de veces, revelaban mi auténtica pasión: el funcionamiento interno de las células. Sin embargo, algo que iba más allá de lo que mis conocimientos científicos alcanzaban a explicar no tardaría en aparecer para reclamar sobre sí toda mi atención.

Debemos tener en cuenta que los componentes de nuestras células no son estructuras exclusivas del ser humano. De hecho, sus orgánulos apenas se pueden distinguir de los que poseen el resto de las criaturas vivientes. Sin embargo, el código genético contenido en sus cadenas de ADN es tan diferente del de otras especies como lo somos nosotros mismos unos de otros. Las órdenes individuales y específicas que residen en los genes se diferencian en todo ser humano, y son las responsables de crear cada parte de nuestro cuerpo, cada rasgo personal que nos caracteriza. Resulta sorprendente pensar que toda esta complejidad tan finamente orquestada parta de un simple óvulo fertilizado que contiene una mitad del ADN que heredamos de nuestra madre, y de otra mitad procedente del esperma de nuestro padre. En la página 68 se muestran un espermatozoide y un óvulo en el momento inmediatamente anterior a que el fascinante milagro de la concepción los fusione en una sola célula original, dando así comienzo la vida de un nuevo ser.

Como investigadora que era entonces, me dedicaba a la búsqueda de la verdad a través de la ciencia, y conceptos como Dios o la religión ni siquiera formaban parte de mi sistema de valores. Imagina la conmoción que supuso para mí verme de pronto sumergida en la clásica experiencia cercana a la muerte tantas veces descrita, cuando un vidrio emplomado que decoraba una ventana me cayó un día en la cabeza. Hasta aquel momento de mi vida, nunca había oído hablar de tales fenómenos, y jamás me había ocurrido nada fuera de lo común o explicable. Sin embargo, he de reconocer que mi vida quedó por completo transformada a causa de aquel cristal enmarcado en roble que se desplomó sobre mí, haciéndose añicos él y, de paso, mi visión del mundo.

Tras el golpe, en un segundo, mi realidad cambió. Ya no me encontraba tirada en el suelo, confinada a mi maltrecho cuerpo. Muy por el contrario, caía a toda velocidad por un túnel oscuro atraída por una indescriptible luz que brillaba en la distancia. No era capaz ya de controlar conscientemente la situación. Una fuerza ajena a mí me detuvo segundos antes de adentrarme en la luz. Allí, mi madre y mi abuela, ambas desaparecidas años atrás, me estaban esperando. Al verlas me inundaron el amor y el regocijo, y me sentí asombrada al contemplar la salud y la felicidad que las dos mostraban. No obstante, una vez más me apartaron de su lado, en esta ocasión para llevarme hasta el umbral mismo de un mundo totalmente nuevo.

En un segundo, mi realidad cambió.
Ya no me encontraba tirada en el suelo,
confinada a mi maltrecho cuerpo.

En ese mundo no se apareció ante mí ninguna persona, y tampoco lo hizo ser alguno. Simplemente vi colinas, hierba verde y flores de colores rebosantes de una luz que parecía surgir del corazón mismo de cada una de sus hojas y pétalos. Sus tonos eran tan intensos que daban la impresión de estar vivos. Una absoluta claridad de imagen y color me rodeaba. Me encontraba absorta en aquella belleza y tranquilidad, las deslumbrantes imágenes me fascinaban y era totalmente feliz ante la posibilidad de habitar ya para siempre en aquel lugar. Sin embargo, de improviso, la escena se transformó de nuevo.

Sin saber cómo, me vi a mí misma de pie frente a una Gran Luz. La inconmensurable paz y amor que había sentido hasta aquel momento no eran más que una minúscula prueba de lo que emanaba de ella. Procedía, esta vez sí, de una figura humana, algo más alta de lo habitual y sin rasgos definidos. El todo y la nada parecían existir simultáneamente en su luminosidad.

Me sentí absolutamente feliz, consciente, y llena de amor y alegría. Si lo que me había ocurrido era que Dios me estaba recibiendo en el otro mundo, tenía claro que lo hacía dándome la bienvenida, y que no me sometería a ningún juicio para aceptarme a su lado. Me amaba sin condiciones, me envolvía en su paz y seguridad, y me sanaba de todo lo que me había causado dolor o incomodidad en el pasado. El éxtasis del momento quedaba suspendido en el tiempo y el espacio, y a la vez los trascendía. Con los años, comprendería que el viaje que había realizado no era más que un puente hacia otro estado de conciencia, y que podría cruzarlo a mi voluntad cada vez que deseara volver a experimentar aquellas increíbles sensaciones.

No me dieron la posibilidad de elegir si deseaba o no volver a la Tierra, ni me proporcionaron instrucción alguna. A la misma velocidad que había ocurrido todo, me devolvieron a esta realidad y desperté de la inconsciencia tirada en el suelo de mi casa con un terrible dolor de cabeza, una brecha de considerables dimensiones y sangre seca pegada al pelo. Así fue como comenzó el camino que me llevaría desde el trabajo científico a mi nueva vocación como sanadora a nivel celular.

Al principio, mi cerebro de investigadora achacó el extraño suceso al golpe que había recibido: debía de tratarse de una simple alucinación, la mera consecuencia de un fuerte traumatismo craneoencefálico que me había hecho perder el sentido. Sin embargo, pronto descubrí que en realidad se trataba del comienzo de otra forma de conciencia que había despertado en mí, y que resultó ser mucho más valiosa de lo que lo pudieran haber sido en el pasado mi carrera, mi estatus social o cualquier otro beneficio adicional que éstos pudiesen llevar asociado.

Durante los días siguientes, me dolía demasiado la cabeza como para poder escuchar música, leer, ir al cine o hacer ejercicio, que eran las actividades de las que habitualmente disfrutaba para relajarme. Me encontraba atrapada en un cuerpo sano, aunque dolorido, al que el médico había impuesto tres semanas de baja. Apartada del trabajo, me sentía mortalmente aburrida. Cuando estuve lo suficientemente recuperada como para conducir, decidí hacer una pequeña visita a la bahía para echar un vistazo a mi librería favorita, *Elliot Bay Books*. El crujido de la madera de sus suelos y el aroma de décadas de libros apilados siempre me habían resultado reconfortantes.

Caminaba lentamente entre filas y filas de estanterías, ojeando los títulos alineados frente a mí, cuando un ejemplar casi me saltó a las manos. Se trataba de *Vida después de la vida,* de Ray Moody, el cual contenía, página tras página, decenas de descripciones detalladas de experiencias cercanas a la muerte similares a la que yo había vivido.[1] Compré el volumen, y leerlo me obligó a reconsiderar las evidencias que en él se presentaban, y que hasta entonces no habían tenido cabida en mi visión del mundo. A juzgar por aquellas historias, eran muchos los que habían pasado por lo mismo que yo. Ya no podía seguir negando lo que me había ocurrido. El asombro y la curiosidad fueron ganando terreno a la gruñona autocomplacencia en la que me había acomodado en lo que respectaba a mi lesión craneal y sus sobrecogedoras consecuencias.

---

1. Raymond Moody, Life after Life: *The Investigation of a Phenomenon-Survival of Bodily Death*, segunda edición (San Francisco: HarperSanFrancisco, 2001). La primera edición de este libro está publicada en español,l con el título *Vida después de la vida*, por la editorial EDAF.

Otro hombre llamado también Ray, éste podólogo, aterrizó en mi vida por aquella misma época. Entrenado por el grupo de superaprendizaje de la Universidad Estatal de Ohio, Ray daba clases sobre nemotecnia, basándose en ejercicios de relajación profunda y visualización de imágenes. Aún hoy no soy capaz de explicarme qué tiene que ver esto con los pies... Inicialmente, y sin relación alguna con mis recientes descubrimientos, me aventuré con él en el entrenamiento de la memoria, ya que consideraba que me sería de gran utilidad a la hora de manejar las citas de autores y las otras referencias bibliográficas de las que tenía que hacer uso para mis publicaciones científicas.

Un día, durante nuestra sesión, me recliné como siempre lo hacía en un cómodo y enorme diván en el despacho de Ray para escuchar una cinta que describía los rasgos de un pequeño gatito gris. Sin saber muy bien cómo ni por qué, de improviso me vi a mí misma, en el ojo de mi mente, caminando por una habitación en la que había un sillón tapizado en terciopelo azul, una chimenea abierta por ambos lados y unos cuantos cuadros en las paredes. La cara que se le puso a Ray cuando le describí la estancia aún me resultó más sorprendente que la visión misma. Ambos nos quedamos atónitos al darnos cuenta de que estaba dibujando con increíble precisión y detalle el lugar en el que él mismo había grabado la cinta que estábamos escuchando.

Todo el mundo sabe que no hay más que juntar a dos científicos para que pongan en marcha una misión desesperada en pos de la verdad, y eso fue precisamente lo que hicimos nosotros. Decidimos que debíamos descubrir por qué mi visión interna funcionaba de aquel modo, por lo que empecé a visitar la consulta de Ray asiduamente. Me relajaba en su sillón y, después de charlar un rato, él se marchaba y examinaba a uno de sus pacientes de podología. Cuando regresaba, yo era capaz de describir minuciosamente el pie de la persona a la que acababa de explorar, así como su patología o cualquier otro dato que a él le hubiera llamado la atención durante el reconocimiento clínico.

No hay más que juntar a dos científicos para que pongan en marcha una misión desesperada en pos de la verdad.

También establecimos un pequeño estudio de carácter informal sobre la lectura de la mente. Ray pensaba en algún color en particular mientras caminaba por la habitación donde yo me encontraba, e inmediatamente mi pensamiento se inundaba de aquella tonalidad exacta. No es que lo adivinase, sino que era capaz de ver el color dentro de mi cabeza con toda precisión. Como es lógico, el concepto que tenía de mí misma como científica sensata y racional se desestabilizó por completo. Tal vez también tú hayas experimentado alguna insólita situación que te haya asustado al principio, pero que luego haya abierto todo un abanico de nuevas posibilidades dentro de tu vida.

Comencé a buscar información sobre otros fenómenos extraños, como el sexto sentido o la visión interna y la visión remota. Además, me uní a las clases que impartía un sanador local. Las meditaciones que allí realizábamos me animaron a practicar también este tipo de ejercicios en casa, por mi cuenta, lo que me llevó a experimentar encuentros visionarios con ángeles y animales-guía, así como a visitar astralmente otras galaxias.

El profesor me invitó a acompañarle en su trabajo con clientes una tarde a la semana, y ambos nos dimos cuenta de que la gente respondía positivamente al contacto de mis manos. Me decían que sentían calor en las áreas donde los había tocado y que un hormigueo les recorría el cuerpo. Afirmaban, además, que después de las sesiones su salud mejoraba.

Poco a poco, la gente comenzó a acudir directamente a mí para que les realizase sesiones de sanación, así que terminé convirtiendo un pequeño despacho de mi casa en una consulta en la que pudiera recibir a unos cuantos pacientes cada semana. Jamás hubiera imaginado que ésta se convertiría en mi verdadera vocación, y mucho menos que llegaría a relegar a mi otra profesión, así que por aquella época simplemente me limitaba a disfrutar de ambos mundos: la ciencia y aquel nuevo escenario que se abría ante mí.

Me propuse el reto de adentrarme cada vez más en las células del cuerpo de mis pacientes, para tratar así de ayudar a los que me necesitaban de forma más efectiva. Los resultados que obteníamos nos sorprendían tanto a ellos como a mí misma.

Durante una escapada de fin de semana al monte Shasta, con mi profesor y otros dos compañeros de clase, mi vida sufrió una vez más una transformación radical. Íbamos con la intención de llegar escalando a la zona de Red Butte, en Panther Meadow, por la cara sur de la montaña. Aún había nieve y pudimos disfrutar de unos deliciosos días primaverales paseando por sus inmaculadas pendientes, calentando hielo en cacerolas hasta derretirlo para poder beber agua y abandonándonos al confort de la meditación, todo ello a una altitud de casi 3.000 metros.

Cuando emprendimos de nuevo camino hacia Seattle, teníamos exactamente el aspecto de cuatro mugrientos peregrinos. Decidimos detenernos en un santuario católico, La Gruta, a las afueras de Portland, Oregón. Yo nunca antes había tenido contacto alguno con la Iglesia católica ni con su teología, ya que me había criado en un entorno moderadamente protestante. Mis compañeros se dirigieron a orar a una pequeña capilla, mientras yo deambulaba sola por el lugar. Como por casualidad, llegué frente a una cueva que se había formado de manera natural en una de las caras de un escarpado acantilado, y en la que las llamas de las velas bailaban alrededor de una réplica de la Piedad de Miguel Ángel. María, casi viva, se afligía sobre el cuerpo crucificado de Jesús, su hijo.

Me dirigí hacia el altar y me arrodillé en uno de los bancos destinados a la oración que allí había. Inmediatamente sentí cómo el aire cambiaba, cómo se llenaba de poder y energía. Un hormigueo me recorrió todo el cuerpo cuando oí una voz femenina que me decía: "Has sido llamada a sanar".

Aquello me recordó de inmediato mi experiencia cercana a la muerte. El amor, la paz y el sobrecogimiento inundaban otra vez mi espíritu. ¿Cómo cabía en mi interior tanta emoción, tanta energía, tanta devoción? Mi vida cambió para siempre en aquellos momentos. La voz de la mujer se me mostraba firme pero llena de amor, y no dejaba espacio a la duda ni a la demora. Cuando volví al día siguiente a mi trabajo en Seattle comencé enseguida el proceso de renuncia voluntaria, y abandoné el laboratorio.

Sin embargo, adentrarme en el mundo de la sanación no me resultó fácil ni natural. No podía "pensar" las soluciones a los problemas que se me planteaban como hacía con la ciencia; las respuestas no llegaban a mí del mismo modo. Lo que hacía era meditar asiduamente, pedir orientación divina, y he de reconocer que la recibía a cada paso, por lo general en el instante exacto en que la necesitaba. Mi trayectoria evolucionaba día a día, tanto durante mis sesiones en la sala de curación como durante el tiempo que pasé con un grupo de sanadores indígenas en el sudeste asiático. Ahora, cuando tras veinte años de aprendizaje he logrado alcanzar la profundidad de las células del cuerpo con mi energía de sanación, es mi anhelo compartir con todo aquel que lo desee la maravilla que supone entrelazar el mundo espiritual con la sanación física.

Mi experiencia cercana a la muerte estableció una conexión entre mi persona y algo mucho mayor que yo misma. Llamémoslo Dios, Fuente de la creación o como prefiramos, lo que tengo claro ahora es que la unión entre ese ente y yo nunca se ha roto. Desde entonces, no tengo miedo a la muerte, y ha desaparecido también mi temor a vivir separada del Origen. Ya no creo que éste toque con su amor sólo a aquellos pocos que profesan una religión determinada. La presencia sanadora del origen universal le pertenece a todo el mundo.

Sin embargo, en aquellos primeros momentos, aún quedaba una cuestión que me inquietaba con relación al nuevo esquema de realidad que había surgido ante mí: ¿qué puesto ocuparían a partir de entonces en mi vida las células a las que tanto tiempo y esfuerzo había dedicado? ¿Acaso existía otra forma de expresar mi amor por ellas más allá del laboratorio? En realidad las células significan ahora para mí más de lo que lo hacían antes. Después de todo, la salud física empieza precisamente por ellas. Del mismo modo, la sanación necesariamente ha de alcanzarlas también, ya que la enfermedad se origina siempre a nivel celular.

La sanación ha de alcanzar necesariamente las células,
ya que la enfermedad se origina siempre a nivel celular.

¿Sabías que las células rara vez enferman todas a la vez, o en la totalidad de sus estructuras? Existen prácticas sencillas que pueden ayudar a mejorar a aquellas que se encuentran dañadas y que no son capaces de recuperarse por sí mismas. Como ejemplo te pongo el caso de Jerry, uno de mis primeros pacientes, un obrero de la construcción al que le habían diagnosticado esclerosis múltiple. Había perdido la mayor parte de la fuerza de su mano derecha, y ya no era capaz de sostener un martillo ni podía utilizar un destornillador. La visión de su ojo derecho se le volvía borrosa en ocasiones, y la falta de fiabilidad de todas estas simples funciones físicas de su cuerpo le resultaba verdaderamente frustrante. Comencé a practicarle sesiones de sanación, y en dos semanas su vista volvió a la normalidad. Varios meses después, Jerry llegó a mi consulta llevando en la mano derecha una pesada jarra de agua, y me la tiró a la cara sonriendo lleno de alegría. Tan sólo tres meses antes, aquella mano no podía generar siquiera la fuerza necesaria para sostener una naranja. Tanto sus ojos como sus células nerviosas habían logrado sanarse.

Cuanto más sepas de tu cuerpo y de tus células, más apreciarás lo realmente preciosa y sagrada que es la vida que en ellos se encierra. En lugar de considerar como impuro lo que procede de nuestro cuerpo, debemos percibirlo como un sagrado templo del espíritu. Del mismo modo, tenemos que convertir nuestro paso por la Tierra en una expresión de conciencia pura. Este conocimiento es el primer paso hacia una vida completa, que integre el espíritu y la existencia física en una indisoluble conexión entre el alma y las células.

2

El corazón de todo

Durante los primeros años tras la intensa revelación que supuso para mí "cruzar al otro lado", que es como llamo a mi experiencia cercana a la muerte, deseé con todas mis fuerzas regresar a aquel lugar donde sólo existían la paz y el amor. Me preguntaba por qué me habían dejado probar el cielo durante unos segundos para luego devolverme sin más al confuso mundo físico. Rogaba que me guiasen por aquel lugar que se me antojaba entonces frío y cruel: "Muéstrame el significado de todo esto. ¡Muéstramelo!", pedía, pero para recibir la respuesta a mis plegarias necesitaba primero hacer un cambio en mis sesiones de meditación. En lugar de apartarme de mi cuerpo tanto como mi imaginación, los mantras o la delicadeza del perfume de una rosa pudieran llevarme, comencé a concentrarme en su interior. En lugar de escapar de mi organismo, extraje de él mi conciencia superior, poco a poco, desde lo más profundo de mi ser. Fue en ese mismo momento cuando logré experimentar de nuevo un trocito del tan anhelado cielo que me había sido arrebatado. A partir de entonces, desarrollé una técnica que, en dos pasos, me ayuda a conectar con mi conciencia superior cada vez que lo deseo.

La gratitud es el primer paso en el camino
hacia la devoción, la cual conduce a encontrar
la compasión que emana de forma natural
de nuestros corazones,
e inicia el viaje de la sanación profunda.

Paso uno

Comenzaremos con la práctica de la simple apreciación, que puede abrirte a recibir multitud de dones positivos. La gratitud es el primer paso en el camino hacia la devoción, la cual conduce a encontrar la compasión que emana de forma natural de nuestros corazones, e inicia el viaje de la sanación profunda. Intentar sanarse a uno mismo, o ayudar a que otro lo haga, no tiene sentido si no se respeta y no se aprecia al cuerpo y al universo físicos. Cumplir los deseos de tu corazón y la misión de tu alma requiere de tu presencia aquí y ahora, y eso implica ser consciente de tu propio organismo.

El cuerpo humano es sorprendente y merece ser apreciado en su totalidad. El número de células que lo conforman, casi 10.000 billones, supera mil quinientas veces la población completa de la Tierra, y mil veces el número de estrellas de la galaxia de Orión. Las células se unen en *grupos funcionales* o tejidos, cada uno de ellos con su propia forma, tamaño, cometido y tasa de división celular destinada a la renovación y reparación de las partes que se vayan deteriorando en ellos. Todos estos billones de células trabajan en conjunto para mantenerte con vida.

Deja que el agradecimiento llene tu cuerpo y permite que tu conciencia superior, tu espíritu, vaya emergiendo desde tu interior. Contémplate a ti mismo de un modo nuevo y defínete a través de una frase, como por ejemplo: "Estoy en consonancia con el Universo", "Estoy descansando en la luz" o "Resido en el templo del Espíritu Sagrado".

PUENTE HACIA LA SANACIÓN

 Tómate un momento para reflexionar sobre cuatro características que aprecies de tu cuerpo. Anótalas en un diario personal, para que, en el futuro, puedas meditar sobre ellas.

Paso dos

En muchas culturas la respiración es una herramienta de meditación muy poderosa. Úsala tú también para ampliar tu conocimiento sobre los más elevados aspectos de tu ser. A veces, el concepto del ser o del alma nos parece lejano, como si necesitásemos hacer un esfuerzo consciente para acercarnos a él. Invita a todas las partes de tu ser verdadero a volver al hogar, a tu corazón.

PUENTE HACIA LA SANACIÓN

 Deja que tu pecho se hinche cuando tomes aire, y llénate a la vez de tu propio espíritu. Visualiza cómo todo tu ser se expande y se llena con las cualidades de tu conciencia superior. Déjate infundir de sabiduría y compasión por ti mismo y por todos los demás seres que te rodean. Desde lo más grande y complejo hasta las partículas más pequeñas conocidas, todo el universo está imbuido de energía luminosa y de sabiduría. Los cuatro atributos primordiales del cosmos pueden ayudarnos a manejar nuestra naturaleza más básica y, así, sanarnos: el misterio, la creatividad, el fluir en equilibrio dinámico y la resiliencia.*

El misterio

Hoy en día hemos alcanzado a observar enormes porciones del universo, pero aún son mayores las que nos quedan ocultas. Según los últimos cálculos, se cree que sólo podemos apreciar el 4% de la materia y la energía existentes; además, nuestra percepción depende exclusivamente de que produzcan

---

* En psicología, el término *resiliencia* se refiere a la capacidad de los sujetos para sobreponerse a períodos de dolor emocional.

o reflejen algún tipo de luz. Un escandaloso 96% del universo nos queda velado, ya que no se encuentra dentro de nuestro limitadísimo espectro visible. A esto se lo denomina, muy apropiadamente, materia oscura.[1] Del mismo modo que del universo sólo conocemos una mínima parte, aún seguimos buscando respuesta a sus grandes misterios. ¿Cuánto es lo que sabemos? ¿Quién puede aventurar la inmensidad de descubrimientos que todavía nos espera? ¿Qué cantidad de la energía fenomenal que lo conforma podemos utilizar para la sanación de nuestros cuerpos y nuestras almas?

La creatividad

El universo está continuamente creándose a sí mismo. En el minúsculo cosmos de un protón, la partícula positiva que se encuentra en el núcleo de cada átomo, existe una plétora de creatividad que bulle y muta cada fracción de segundo. Igual que el espacio exterior, que antes concebíamos como el vacío absoluto, el interior de un protón contiene en realidad una enorme cantidad de energía. Cada nanosegundo que pasa —un lapso de tiempo tan reducido que millones de nanoeventos tienen lugar en lo que nos lleva parpadear una sola vez—, nacen y mueren elementos que toman forma a partir de la energía contenida en el interior del protón. Uno de estos elementos son precisamente los gluones. Estas partículas poseen la propiedad de mantener la cohesión de la materia, y son, como he indicado antes, de naturaleza efímera, ya

---

1. Charles Seife, "Breakthrough of the Year: Illuminating the dark Universe", *Science*, 302 (2003): 2038; *Seife*, «What is the Universe Made Of?», *Science*, 309 (2005): 5731.

que cumplen su función y luego desaparecen. Son un ejemplo de los muchos elementos del universo que cuentan con movimiento (*spin*) y carga, pero no con materia. Existen en el interior de los protones sólo durante periodos de tiempo muy reducidos.

El universo está continuamente creándose a sí mismo.

Piensa ahora en los billones de células de tu cuerpo, y recuerda que tu organismo tiene más que habitantes hay en toda la Tierra. Resulta abrumador ya sólo imaginar el número de moléculas que conforman esas células, por no hablar de los trillones y trillones de átomos contenidos en ellas.

Existe también una fuente de energía que está constantemente creando y disolviendo gluones en el corazón de cada átomo. Por tanto, el flujo de creación de nuevos elementos es uno de los patrones más profundamente enraizados que existen en tu interior. Cada ser humano, de modo natural, posee una astronómica cantidad de energía destinada a crear nueva vida y a renovar su salud.

El equilibrio dinámico

El cosmos también se encuentra en flujo constante, ya que continuamente crea nuevas estrellas y recicla las antiguas. El universo equilibra esta creación y destrucción de sus elementos de un modo ordenado y preciso. Ya no se piensa en él como en un enorme reloj al que se dio cuerda al principio de los tiempos y que seguirá girando sin cambio alguno hasta agotarse en la nada.

El cuerpo humano es, asímismo, un sistema en el que los materiales que recibe y los que produce fluyen y se equilibran continuamente. No podemos decir que el cuerpo vea sus funciones limitadas por un férreo control, pero desde luego tampoco se encuentran a merced de los avatares del azar. Se trata de un sistema que da cabida a la vez a la adaptabilidad y la estabilidad. Por ejemplo, los músculos presentan una composición fibrilar muy ordenada, pero ésta les permite realizar a la vez movimientos muy simples y otros muy complejos.

El universo equilibra la creación y la destrucción
de sus elementos de un modo ordenado y preciso.

Todos sabemos que los nervios trasladan a los músculos la orden de moverse desde el sistema nervioso central. Toma como ejemplo lo que ocurre cuando queremos dar un paso. El cerebro envía una señal que, a través de los nervios, llega a los músculos de las piernas, donde las minúsculas fibras de dos proteínas, la actina y la miosina, se deslizan una sobre la otra para contraer el cuádriceps y así elevar el muslo y levantar el pie del suelo. Para bajarlo, las fibras se separan y el músculo se relaja. A la vez, la bioquímica del organismo regula la obtención de nutrientes, permitiendo el complejo proceso del movimiento.

Todos éstos son milagros que a menudo no apreciamos en su justa medida. Imagina por un segundo lo que supondría tener que pensar de forma consciente en cada una de las pequeñas fases del proceso que nos lleva a dar un simple paso. Ahora calcula cuántos pasos das a lo largo del día.

No importa lo mucho que tu cuerpo haya podido perder su equilibrio natural, recuerda que siempre retendrá la información necesaria para recuperarlo. Aprender cómo recobrar la armonía, la paz y la salud, es tan sólo uno de los múltiples regalos que nos brinda nuestro puente hacia la sanación.

> *No importa lo mucho que tu cuerpo haya podido perder su equilibrio natural, recuerda que siempre retendrá la información necesaria para recuperarlo.*

La resiliencia

En una época ya muy lejana, nuestros antepasados miraron a las estrellas y se dieron cuenta de que las mismas constelaciones aparecían en el cielo estación tras estación. Al ver que la rotación que se producía entre ellas era predecible, se comenzó, de manera muy lógica, a concebir una especie de reloj en el que los planetas y las estrellas giraban sin cesar. El espacio negro por el que se movían parecía estar vacío, y así fue como lo denominaron precisamente: el vacío.

Es increíble lo alejadas que están nuestras concepciones actuales de aquellas primeras hipótesis. Ahora sabemos que ese espacio oscuro rebosa de energía, y que los mapas celestes no son ni mucho menos fijos. Nuevas estrellas nacen sin cesar, otras viejas explotan, y los agujeros negros engullen y condensan cualquier tipo de materia que se atreva a acercarse a sus inmediaciones. El universo, infinitamente adaptable en sus recursos, se renueva y se repara de forma constante.

Nuestros cuerpos reflejan esta misma resiliencia. Las pequeñas lesiones que sufrimos apenas nos hacen perder vitalidad alguna. Cuando nos cortamos un dedo, por ejemplo, un complejo sistema de procesos se pone en marcha para detener la hemorragia, sellar la herida y crear una capa de fibras que las nuevas células usarán como matriz para reparar los tejidos dañados. Cuando el proceso concluye, esas fibras sencillamente se reabsorben. Si la herida es de mayor tamaño, una cicatriz visible se formará para cerrar el área y proteger la integridad de las estructuras internas.

En épocas en las que se atraviesan crisis de salud importantes, podemos estimular la resiliencia de nuestro cuerpo para, de esa forma, acortar el tiempo de recuperación.

PUENTE HACIA LA SANACIÓN

 Utiliza tu diario, o simplemente pasa a la página 80 para reflexionar sobre cómo los cuatro principios del cosmos se reflejan en tu cuerpo y en tu vida: el misterio, la creatividad, el equilibrio dinámico y la resiliencia. Tu percepción de ellos podrá ir cambiando con el paso del tiempo. Puede resultar interesante retomar periódicamente este ejercicio como base de meditación.

3

Liberar bloqueos

Al principio de mi labor como sanadora, tenía la conciencia de que mi trabajo debía consistir simplemente en meditar, llenarme de energía de curación e imbuir con ella a mis pacientes lo mejor que pudiera. Sin embargo, eran raras las ocasiones en las que los resultados que obtenía demostraban ser notables. Pronto me di cuenta de que hacer desaparecer una artritis o un cáncer no era, desde luego, una faena en absoluto sencilla. La mayoría de las veces, los frutos que conseguía con mi trabajo apenas compensaban los esfuerzos realizados. De hecho, en los casos menos afortunados, el tratamiento incluso hacía que algunos de mis pacientes se sintieran mal.

Sorprendida por esta incoherencia, busqué respuestas. Descubrí que los que ya estaban habituados a realizar ejercicios espirituales o meditativos eran capaces de recibir y beneficiarse de una considerable cantidad de energía que yo les transmitía. Por el contrario, a aquellos que estaban tan sólo iniciándose en la meditación y despertando a la espiritualidad, o a los que comenzaban entonces a someterse a algún tipo de sanación complementaria, esta tarea les resultaba más difícil. Además, busqué consejo en un sabio médico y acupuntor chino, y de su mano exploré el concepto del *bloqueo*, tan arraigado en su tradición. Aprendí que los bloqueos energéticos impiden la sanación, independientemente de cuánta energía empleemos en que ésta se produzca. Este nuevo enfoque me ayudó a comprender lo variable de los resultados que obtenía en mis sesiones.

Los bloqueos energéticos impiden la sanación,
independientemente de cuánta energía empleemos
en que ésta se produzca.

Me di cuenta de que, además de compartir mi energía sanadora con mis pacientes, debía dedicarme a localizar los bloqueos energéticos que sufrían para así poder eliminarlos. Tenía claro que cuanto más eficazmente llevase a cabo esta fase, mayores serían los logros que obtendría después.

Para ello, al principio me valía de un péndulo, que giraba al situarse sobre el área bloqueada. El método resultó ser bastante fiable, pero no pasó mucho tiempo hasta que finalmente fui capaz de sentir las áreas bloqueadas con mis propias manos. Podía notar cómo un aire frío o un calor intenso irradiaban de las partes enfermas y de las lesiones que sufrían mis pacientes. Hoy en día, a veces incluso llego a ver físicamente el bloqueo con mis propios ojos, o sencillamente tengo una misteriosa sensación de saber de forma intuitiva dónde se origina el problema.

Aun así, he de reconocer que no todos los bloqueos resultan tan fáciles de eliminar. Las obstrucciones energéticas pueden presentarse de modo especialmente persistente cuando el sistema de valores y creencias del paciente ha sido el que las ha generado, fijándolas de manera casi indisoluble al lugar en que se encuentran. El caso de Jocelyn ilustra cómo un sistema limitado de creencias impedía su sanación. Sucesos de este tipo no resultan infrecuentes; personalmente, he oído cientos de historias similares.

. . .

Las lágrimas resbalaban por el rostro de Jocelyn mientras caminaba hacia mi consulta desde el área de recepción. En cuanto entró, se dejó caer sobre el cómodo diván que tengo en el despacho, agarró con fuerza el cojín de color azul cielo que descansaba junto a ella y se apresuró a explicarme lo que le preocupaba: "Me diagnosticaron cáncer de mama hace un mes, y hace tres semanas que me operaron. Han descubierto que el tumor es muy agresivo. Voy a comenzar la quimioterapia a finales de esta semana, pero he leído que es necesario que descubra la causa de mi cáncer antes de poder curarme. No sé qué pensar. Mi hermano me maltrataba cuando yo tenía dieciséis años. Después, empecé a comportarme de una forma terrible con mi hermana pequeña... ¿Es que me están castigando? ¿Qué es lo que he hecho para merecerme esto?".

Es cierto que son muchos los factores que pueden contribuir a la enfermedad, entre otros los traumas emocionales, la predisposición genética y la exposición a tóxicos ambientales. Sin embargo, tendemos a extrapolar la causa de nuestras afecciones a su concepción más simplista. Parece que nos alivia el hecho de poder señalar con el dedo a sus supuestos culpables, ya sean otros o nosotros mismos.

Las intensas emociones que en aquellos momentos experimentaba Jocelyn, y el terrible sentimiento de culpa que la estaba consumiendo, contribuían al acuciante estado de tensión en el que se encontraba. Los graves efectos del estrés, por todos conocidos, abarcan desde la depresión del sistema inmune hasta la reducción de la regeneración nerviosa (la neurogénesis), factores ambos que pueden bloquear la sanación del cuerpo.

Aunque desconocíamos la causa inicial que produjo el cáncer de Jocelyn, estaba claro que la tensión que sentía estaba minando su salud y bloqueando su recuperación. Confusa y perturbada por la cirugía, la quimioterapia y el resto de los tratamientos a los que se había tenido que someter, necesitaba hacer acopio de toda su fuerza de voluntad para enfrentarse al día a día. Mi intención desde el principio fue ayudarla a encontrar herramientas que le permitieran reducir su nivel de estrés emocional. Comenzamos a trabajar con visualizaciones en las que Jocelyn caminaba por su playa favorita; mientras, escuchaba el romper de las olas, olía la sal en la fresca brisa y sentía el calor del sol sobre sus hombros. Nos valíamos de estas imágenes y muchas otras, siempre con la idea de que pudiera acceder a ellas con facilidad y las adaptara a su antojo, para que así el tratamiento le resultase lo más beneficioso posible en su caso concreto. Jocelyn no sólo logró la paz de espíritu, sino que finalmente resolvió sus sentimientos de culpa y descartó su sospecha de que aquella enfermedad no era más que un castigo cósmico por sus errores del pasado.

Meses después de que terminase su tratamiento médico, y tras recuperar una preciosa melena de cabello rizado en su antes calva cabeza, retomamos el tema de la aparición de su cáncer y analizamos juntas lo que había aprendido de la experiencia: "Ahora comprendo mejor mi vida –me dijo–. Soy una buena persona, y puedo hacer uso de las cualidades que poseo para ayudar a mis semejantes. Soy importante para mucha gente. Entiendo que todas las cosas que he adquirido durante estos años tienen un significado muy relativo. Los bienes materiales ya no son uno de mis objetivos. Mis prioridades han cambiado, y me siento feliz y libre para disfrutar de mi vida y de mis seres queridos. Con tu ayuda fui capaz de reconducir mi energía a través de las meditaciones sanadoras, las cuales, en combinación con los mejores tratamientos médicos que me pudieron prescribir, consiguieron que llegase a recuperarme del cáncer".

El principal bloqueo de Jocelyn era que estaba convencida de que su enfermedad era un castigo. Una vez fue capaz de superar ese obstáculo, su cuerpo comenzó a responder. La quimioterapia apenas le produjo efectos secundarios, e incluso se encontró menos cansada, y mucho más cómoda y saludable. Asimismo, aumentó su confianza en que realmente tenía por delante un futuro lleno de belleza del cual disfrutar. Al superar su enfermedad, consiguió algo más que una mera recuperación física; logró también un mayor conocimiento de sí misma y de su vida. Las creencias son conceptos poderosos que pueden limitarnos, pero también podemos verlas como herramientas de las que valernos para obtener una nueva y vivificante sensación de libertad.

Resumiendo, podemos decir que existen ideas que nos bloquean y nos ponen trabas a nivel emocional, físico y espiritual a la hora de la curación, pero también debemos saber que la energía que alimenta estas obstrucciones puede ser liberada. La información que contiene el resto del capítulo pretende enseñarte a localizar bloqueos y proveerte de herramientas para liberarlos.

Eliminar bloqueos emocionales

Hace décadas, como recordaremos, los veteranos de la guerra de Vietnam volvieron del campo de batalla aquejados del llamado síndrome de estrés postraumático. Este trastorno a veces se les manifestaba en forma de reacciones tan extremas como meterse debajo de una mesa al oír un sonido fuerte, ponerse a la defensiva y reaccionar de manera violenta al ser asustados o incluso llegar a hundirse en la depresión más profunda. Por aquella época, la psicoterapia tradicional los animaba a recordar sus traumas y sentir plenamente sus emociones, para así lograr superar el choque emocional que habían sufrido. Sin embargo, el tratamiento que se les proponía casi nunca funcionaba. De hecho, muchos de estos veteranos empeoraban cuando se les aplicaban dichas técnicas. Recordar los horrores de la guerra reabría sus heridas psíquicas, causándoles un dolor aún más grande, al tener que revivir aquello una y otra vez.

¿Por qué en estos pacientes resultaba tan poco útil la psicoterapia? La respuesta a esta pregunta puede dárnosla una parte del cerebro conocida como amígdala, ya que esta área se paraliza en los casos de traumas graves. La amígdala es el puente que une las emociones con los centros cognitivos. Cuando se bloquea, ambas zonas pierden la comunicación, y las emociones son lo único que nos queda para controlar nuestro comportamiento. No importa cuánto esfuerzo mental empleemos en evitar que los sentimientos nos invadan, porque las emociones y los pensamientos se encuentran desconectados los unos de los otros. Esta reacción automática es necesaria para la supervivencia cuando las bombas están cayendo a nuestro alrededor, sin embargo una amígdala bloqueada puede continuar restringiendo la actividad cerebral una vez que el peligro ya ha pasado. Dicho de otro modo, los traumas graves dejan el cerebro en estado de *shock*.

Toda una generación de terapeutas, con Francine Shapiro a la cabeza, desarrollaron formas de tratamiento que utilizaban los movimientos oculares o la estimulación cinestésica como base de sus sesiones. Uno de estos métodos se hizo muy conocido a mediados de la década de 1990 con el nombre de terapia de movimiento ocular rápido. Esta forma de abordar el estrés postraumático sí demostró dar buenos resultados. Por medio de escáneres cerebrales realizados antes y después de sesiones de este tipo, se pudo demostrar que a través de ellas la amígdala era capaz de volver a su funcionamiento normal. Los pacientes tratados de este modo pudieron recuperar una vida funcional, en la que el petardeo de un coche volvía a ser simplemente un ruido más, y no el detonante de un comportamiento propio del campo de batalla.

Los sanadores energéticos pueden actuar en colaboración con los psicoterapeutas entrenados en la terapia de movimiento ocular rápido para ayudar a desbloquear un cerebro traumatizado, ya que la recuperación se produce mucho más rápido cuando los componentes psicológico y energético son tratados a la vez. Ambos, psicoterapeutas y sanadores, obtienen información sobre los bloqueos emocionales que padecen sus pacientes hablando directamente con ellos y escuchando sus historias. Las imágenes y los recuerdos de acontecimientos pasados se pueden desbloquear con la ayuda de un terapeuta neutral, alguien capaz de crear un lugar seguro de aceptación, que no tema convertirse en un compañero del paciente en su viaje, y a quien no le dé miedo lo que la terapia pueda hacer surgir de él. Una vez se ha logrado crear una atmósfera de confianza y seguridad, los bloqueos emocionales se vuelven tan tangibles que casi son físicamente palpables. En esos momentos, pueden aparecer visiones del hecho traumático de forma espontánea. Obtener información detallada puede resultar útil a la hora de identificar las partes específicas del suceso que crean más problemas, para que puedan ser tratadas de forma individual.

Deshojar las capas que componen un bloqueo emocional
permite que emerja el verdadero poder del ser.

Ir eliminando poco a poco la obstrucción hace que la limpieza progrese, y permite que el cerebro recupere sus conexiones normales. Deshojar las capas que componen un bloqueo emocional permite que emerja el verdadero poder del ser. Las cualidades que se encontraban enterradas bajo el peso de esas obstrucciones se liberan y pueden ser expresadas, con la felicidad que esto conlleva.

¿Qué emociones te bloquean? ¿Qué ideas sobre ti mismo ya no te resultan beneficiosas? ¿Qué actitudes o creencias mantienes, que te hacen sentir indigno de recibir el bien en tu vida?

PUENTE HACIA LA SANACIÓN

Reflexiona sobre las emociones o creencias que tienes, y que ya no te resultan beneficiosas. Tal vez en un momento sentiste que una cierta idea o respuesta eran necesarias, pero ahora limitan la plenitud de tu vida o la expresión de tu personalidad actual.

Mucha gente que muestra capacidades naturales de empatizar con sus semejantes acaba eligiendo profesiones relacionadas con la curación por sus fines humanitarios. Sin embargo, tras un tiempo, nos encontramos con que, en un buen número de casos, las enfermeras se vuelven malhumoradas, los médicos bruscos y los terapeutas pierden su entusiasmo. Los padres y cuidadores también parecen susceptibles de desarrollar actitudes similares. Agotados por el estrés que supone absorber las emociones de otros y llevarlas sobre nuestros hombros día tras día, corremos el riesgo de experimentar una sensación de depresión causada por la propia tensión emocional. Una sesión de meditación enfocada a eliminar bloqueos puede reavivar nuestro entusiasmo por la vida y el trabajo. Además, sus beneficios aumentan si los combinamos con una alimentación sana, el ejercicio físico o unas buenas vacaciones.

PUENTE HACIA LA SANACIÓN

1. Si tienes tendencia a absorber las emociones de otros, escribe a modo de lista en tu diario los sentimientos que experimentes y no sean tuyos. Por ejemplo, una inexplicable ira contra el frutero al que compras habitualmente puede surgir, en realidad, del hecho de que tu hijo o tu hija adolescente se ha peleado contigo por las normas que le has impuesto sobre el uso del teléfono.

2. Emplea las imágenes de nubes sobre Mount Baker que encontrarás en las páginas 84 y 85 como metáfora de tus sentimientos bloqueados, ya sean generados por ti o absorbidos de otras personas. Permite que tus bloqueos emocionales floten hacia el cielo de la transformación, como si retirases las nubes de la montaña. Continúa concentrándote en el proceso de liberar cada uno de los sentimientos que has escrito en tu diario.

Eliminar bloqueos físicos

Elli entró en mi despacho cojeando y con muletas. Me había pedido cita con la intención de trabajar en otros asuntos, pero un reciente accidente de esquí le había producido la fractura de una pierna, y fue precisamente este hecho el que ocupó la mayor parte de nuestra sesión.

Era la primera vez que venía a mi consulta, y después de revisar su historia personal le ayudé a subirse a la camilla de tratamiento. Uso una mesa de masajes con un colchón grueso de espuma cubierto por un edredón hecho a mano. Cómoda y relajada, completamente vestida y cubierta con una manta suave, Elli suspiró con alivio.

El primer paso de una sesión de sanación siempre consiste en la localización de posibles bloqueos. Pasé las manos a una distancia de unos veinte centímetros sobre su cuerpo, recorriéndolo lentamente desde la cabeza, a lo largo de los brazos, sobre el torso y, finalmente, por cada una de las piernas. Mis manos se detuvieron en un lugar concreto sobre su pierna derecha, la que llevaba escayola, como si un muro se hubiese levantado frente a ellas. Le pregunté a Elli si ése era el lugar exacto en el que se había producido la fractura y ella me dijo que sí.

Intenté liberar el bloqueo, suponiendo que la energía que se había quedado allí retenida era simplemente resultado del traumatismo, pero no era capaz de limpiar la zona. Continué trabajando aquel área y de pronto me inundó una extraña sensación. Pude visualizar los huesos de la parte inferior de la pierna de Elli. Los dos extremos de la tibia lesionada estaban desplazados, como si no se los hubieran colocado bien antes de escayolarla. ¡Imagina lo rara que me sentí al decirle a mi paciente que había visto el interior de su pierna y que tenía que volver al médico para que se la revisaran!

Tras dos semanas nos volvimos a encontrar, después de que una radiografía confirmase que, efectivamente, los huesos de su pierna estaban mal alineados. Tuvieron que operarla y colocarle tornillos de titanio para corregir la posición de la tibia. Después, al limpiar de su cuerpo la energía de la intervención quirúrgica, por fin el flujo de su organismo recuperó la normalidad. Me concentré en mejorar su proceso natural de curación; Elli se recuperó completamente y pronto volvió a su activa y saludable vida.

La lesión de Jeremy era otra historia. Se había roto el tobillo durante un partido de fútbol con sus amigos, todos ellos veinteañeros. La fractura se había curado todo lo que los médicos esperaban, pero el muchacho seguía cojeando y experimentando mucho dolor ocho meses después del fatídico encuentro. Jeremy confiaba en que una sanación energética le ayudara a aliviar el dolor. Después de todo, era un joven con muchas décadas de vida por delante, y necesitaba poder utilizar su tobillo de forma efectiva.

El traumatólogo le había dicho que el dolor se debía a que se le había formado un callo patológico en la zona de la fractura. Habían hecho todo lo que estaba en sus manos, le habían operado la lesión original y le habían tenido varios meses inmovilizado con una escayola. En aquel momento, la única opción de tratamiento que el médico podía ofrecerle era de tipo analgésico.

Jeremy se relajó sobre mi camilla, sin calcetines y con la pernera del pantalón enrollada hasta media pantorrilla. Comencé a pasar las manos sobre su tobillo lesionado. Tras tan sólo unos minutos, la parte inferior de su pierna empezó a sudar y se tornó de un blanco mortecino. El resto de su cuerpo, por el contrario, no había sufrido cambio alguno. De inmediato noté cómo agujas calientes se clavaban en mis palmas. Continué moviendo las manos sobre ella y las agujas empezaron a disiparse poco a poco, hasta que finalmente desaparecieron. Seguimos trabajando juntos de ese modo durante varias sesiones y logramos que los callos de la fractura desaparecieran por completo.

Los osteoclastos son células que participan en la remodelación ósea. Tienen la capacidad de reabsorber los depósitos de hueso innecesarios, como lo eran los que sufría mi paciente. Además del trabajo de sanación que hicimos juntos en mi consulta, enseñé a Jeremy a invocar a sus osteoclastos durante la meditación para que entrasen en acción y así consiguiesen sanar sus células. Esto es lo que yo denomino curación a nivel celular.

Como consecuencia del uso de estas técnicas, su recuperación alcanzó un nivel que su médico no hubiera siquiera sospechado, y el chico recobró por completo la movilidad y pudo seguir practicando el fútbol sin dificultad alguna.

. . .

Los bloqueos físicos pueden darse en cualquier parte del organismo como resultado de una lesión, una infección o una enfermedad. Eliminar un bloqueo energético no cura necesariamente la dolencia, y sin embargo es un importante primer paso que hay que tomar tomar antes de comenzar los tratamientos siguientes, ya que un sistema abierto, con una energía que se mueve libremente por el organismo, nos ofrece mayores posibilidades de sanación.

Hay muchas sensaciones que pueden indicar la existencia de un bloqueo en el flujo de la energía corporal. Esto se puede percibir en forma de dolor, calor, frío o picor. Puede incluso que no se experimente más que una molestia, o que una mera incomodidad sea lo que nos haga pensar que algo no va bien. Los bloqueos se pueden identificar, de hecho, a través de cualquiera de los sentidos. Incluso se nos puede hacer patente la información a través de una visión, como un humo denso y rojo, o como un grito angustiado durante la meditación o el sueño.

Muchos de nosotros nos contagiamos, sin darnos cuenta, de bloqueos a los que podríamos llamar "de segunda mano". Absorbemos el dolor de aquellos que nos rodean y, como consecuencia, enfermamos. Desprendernos de cualquier problema que no nos pertenezca aumenta nuestra vitalidad, pero para ello es importante distinguir las energías negativas que hemos generado nosotros mismos de las que nos han transmitido los demás.

PUENTE HACIA LA SANACIÓN

Este ejercicio se puede utilizar para eliminar bloqueos y librarse de energías no deseadas. Pasa las manos sobre la parte afectada de tu cuerpo mientras visualizas cómo la energía negativa regresa a la tierra para transformarse o ser neutralizada. También puedes lavártelas con agua templada, a una temperatura que te resulte agradable, dejando que la corriente se lleve aquello que ya no te es de provecho.

Antiguas prácticas que han ido pasando de generación en generación en otras culturas nos pueden resultar útiles también a nosotros cuando las adaptamos al escenario actual. Una de estas ceremonias rituales es particularmente efectiva a la hora de eliminar los bloqueos físicos. En algunas culturas chamánicas, incluso hoy en día, el sanador o chamán, al igual que hacían sus tatarabuelos antes que él, se inclina sobre el cuerpo del sujeto que es necesario tratar y absorbe con su boca la energía que lo perturba, ya sea en contacto directo con su piel o no. De este modo elimina la afección extrayéndola del enfermo y llevándosela en la boca. El chamán inmediatamente escupe el espíritu de la enfermedad al interior de una pequeña vasija que se rompe o se lanza al fuego después. Este ritual desbloquea al sujeto y hace surgir su poder natural de sanación. La intención del chamán siempre es enviar la enfermedad a un poder superior para su transformación.

PUENTE HACIA LA SANACIÓN

La sanación chamánica descrita anteriormente se puede adaptar de varios modos que nos evitan succionar con nuestra boca las energías, como hacen ellos. A continuación te propongo dos métodos:

1. Como se muestra en la página 86, visualiza cualquier bloqueo que afecte a tu buena salud, y éste

se deshará y fluirá igual que el hielo bajo el sol del invierno.

2. Visualiza cómo llenas la pequeña vasija de cerámica o arcilla de la página 87 con el espíritu o la conciencia de la enfermedad. Poco a poco recoge en ella la energía no deseada, procedente del bloqueo. Pide la transformación de la enfermedad y la desaparición de cualquier consecuencia negativa a la que haya podido dar lugar. Busca una vasija ceremonial real y crea un lugar sagrado en el que limpiarte diariamente.

Liberar bloqueos espirituales

¿Cómo puedes saber si sufres un bloqueo espiritual? Ésta es una pregunta verdaderamente compleja, porque las dolencias de este tipo se entretejen de forma inseparable con las áreas emocionales y físicas de la vida. Eliminar un problema espiritual cuando se trata de nuestro bloqueo primario puede liberar todos los demás niveles, y entonces se produce lo que tantas veces hemos denominado curación milagrosa. Yo he visto producirse esto una y otra vez a lo largo de mis veinte años como sanadora. Sin embargo, no todas las enfermedades tienen una base espiritual, e intentar curarlo todo, desde un padrastro hasta el cáncer, a través de una limpieza de este tipo no es realista. Por otra parte, hemos de admitir que resolver trastornos espirituales puede apoyar de forma significativa la recuperación del organismo tras una operación, una enfermedad o un trauma emocional.

Un signo de salud espiritual es siempre sentir una paz interior tan profunda que ninguno de los retos impuestos por la vida diaria sea capaz de alterar la tranquilidad de nuestro ánimo. Las personas que se encuentran espiritualmente limpias se despiertan esperando cada día con alegría. La meditación o la oración son tan importantes para ellos como respirar o comer. Son capaces de pasar con enorme facilidad de la mayor quietud meditativa a una experiencia de integridad y éxtasis. Los espiritualmente limpios descubren que pueden vivir plenamente presentes en la vida ordinaria, mientras mantienen de forma simultánea una conexión con su centro espiritual. Para ilustrar esto, déjame que te cuente una historia personal.

Hace varios años, en una época en la que ya me sentía satisfecha con mi práctica de la sanación, solía despertarme todos los días llena de sensaciones alegres y disfrutando de un absoluto respeto por mi comunidad, hasta que un día, un simple incidente con unas avispas hizo añicos mi autocomplacencia. Me entretenía trabajando en el jardín de mi casita de Mount Baker, cuando tres avispas alborotadas me picaron: dos en la zona interna de cada codo y otra en la parte trasera del cuello. Inmediatamente me aparecieron tres enormes habones rojos de unos cinco centímetros, que estuvieron inflamados y me molestaron durante varias semanas hasta que finalmente tuvieron que tratarme con cortisona, ya que me salió una erupción que afectaba a los brazos y llegaba hasta los hombros, el pecho y el cuello. Disfrutar de una noche de sueño reparador se había convertido en poco más que un recuerdo lejano.

A pesar del tratamiento con corticoides, el tozudo sarpullido y las pertinaces molestias se negaban a desaparecer. Si el problema se hubiera resuelto con la medicación, nada me hubiera hecho buscar una explicación más allá de lo puramente físico. Sin embargo, dado mi malestar, decidí pasar a la dimensión espiritual para tratar de hallar el significado de aquel doloroso episodio.

Sanar significa iluminar el camino,
ver a Dios en todas las personas y reconocer
lo divino en todas las cosas.

No iba a ser tan ingenua como para achacar aquellos efectos a una simple picadura de avispa, así que fijé mi pensamiento más allá del malestar que me producía, y me centré en el resultado deseado, que no era otro que volver a tener la piel sana y sin picor. Este ejercicio de concentración evolucionó hasta convertirse en un pasaje, un puente sin retorno desde mi vida anterior al futuro que me esperaba. Mi energía cambió; mi compromiso se hizo más profundo; mi intención de superar la comodidad en la que me había instalado se hizo fuerte. No de forma inmediata, pero sí con bastante rapidez, el sarpullido desapareció y volví a disfrutar de un sueño profundo y reparador, y de un feliz despertar. Ahora, afortunadamente, ya apenas recuerdo el enrojecimiento y la molestia de aquella insidiosa erupción.

La sanación espiritual que experimenté surgió de mi interior cuando decidí ver el episodio como una iniciación a un nuevo camino de servicio que se abría en mi vocación. Además, a través de las sesiones de limpieza energética que me realizaron algunos colegas, pude apoyar la transformación espiritual que ya había comenzado yo misma, por casualidad y con la única intención de recuperar la salud. Sanar significa iluminar el camino, ver a Dios en todas las personas y reconocer lo divino en todas las cosas.

PUENTE HACIA LA SANACIÓN

Para ayudarte a sanar espiritualmente y abrirte camino en un momento difícil, prueba este ejercicio (¡no es necesaria la intervención de avispas!). Recuerda siempre que te está esperando todo un mundo de energía para echarte una mano:

– Concédete la posibilidad de establecer una conexión profunda con tu realidad espiritual. Existen muchos modos de lograr esta conexión: un momento de silencio, una oración, una visualización especial... Tal vez un ángel, un animal de cuatro patas, un pájaro o un espíritu-guía vengan a buscarte para que inicies el viaje con ellos. Las páginas 88 y 89 te muestran dos ejemplos.

– Crea una plegaria personal o utiliza la oración que tienes a continuación para afirmar tu deseo de crecer. Repítela con frecuencia.

Aplicación práctica de la Oración de Jabés

"Señor, si me bendices verdaderamente...": antes de que el día comience, antes de la visión y la acción, elige conscientemente permanecer inmóvil. Concéntrate en esta primera línea de la oración de Jabés hasta que tu mente se apacigüe y sosiegue de forma natural. Mantén tu limpieza espiritual recibiendo esta bendición al comienzo de cada día.

"...ensancharás mis fronteras...": la conexión con el espíritu crea un flujo natural de energía que está disponible para que hagas uso de él. Aparecerán de forma inesperada mayores oportunidades de servicio mientras rezas el poderoso segundo verso de la oración. Te sugiero que añadas a él las palabras "lo deseo".

"...tu mano estará conmigo...": ¿cuántas veces te has embarcado en algún noble proyecto y antes de terminarlo has perdido el entusiasmo? Reza para que tu conexión y tu energía, además de tu inspiración, se mantengan. "Tu mano estará conmigo" te apoya y te mantiene en el camino correcto.

"...alejarás el mal para que desaparezca mi aflicción": este verso de la oración de Jabés se puede interpretar de forma individual, por ejemplo: "No me dejes flaquear y haz que me mantenga íntegro en mí mismo, mis pensamientos y mis acciones".

Quiero dar las gracias a Bruce Wilkinson por escribir sobre la oración de Jabés y motivar a muchos a interpretar este pasaje del primer libro de las Crónicas (4: 9-10) de un modo nuevo.

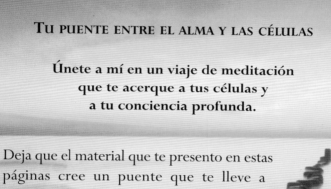

Tu puente entre el alma y las células

**Únete a mí en un viaje de meditación
que te acerque a tus células y
a tu conciencia profunda.**

Deja que el material que te presento en estas páginas cree un puente que te lleve a encontrar la sabiduría de tu alma y de tu cuerpo, unidos ambos en sanación y plenitud. Con toda libertad, puedes volver a tu imagen de meditación favorita cuando lo desees.

**Los sistemas vivos muestran patrones fractales
que parecen surgir desde dentro de sí mismos,
expresando en su aspecto externo idénticos
temas una y otra vez.**

Estos patrones, grandes y pequeños, nos invitan a
reflexionar sobre la maravilla de nuestros cuerpos
y sobre nuestras cualidades inherentes de crecimiento,
renovación y sanación. Piensa en el helecho que
crece en el bosque, en el patrón de sus hojas,
que se repite continuamente.

Las ramificaciones de las branquias del salmón
tienen una forma similar a la del helecho.
Esta imagen muestra su microestructura vista
a través de un microscopio electrónico.

Comprensión a nivel celular

Aquí tenemos una micrografía electrónica de un grupo de espermatozoides tratando de fecundar un óvulo. Cada uno de nosotros nacemos precisamente de la unión de estas dos células, y nos desarrollamos hasta contar con 10.000 billones de ellas. Los puentes personales hacia la sanación alcanzan desde el alma hasta las emociones y luego, a través de la mente, al conjunto de nuestras células. En las siguientes páginas comenzarás a conocer las minúsculas unidades vitales que conforman tu cuerpo.

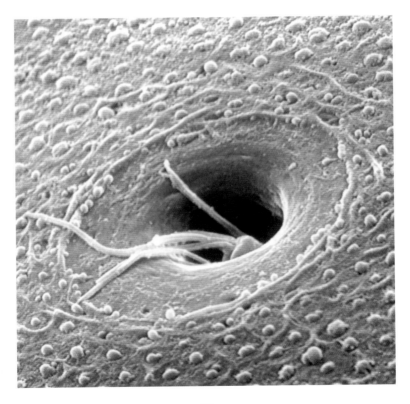

Función y estructura celular

La función y la estructura de nuestras células son conceptos inseparables. Usando este código de colores podrás identificar sus partes, que contribuyen a la salud física.

Morado: membrana celular = comunicación
Verde: retículo endoplasmático = acción
Rosa: núcleo = ADN = información
Azul: mitocondria = energía

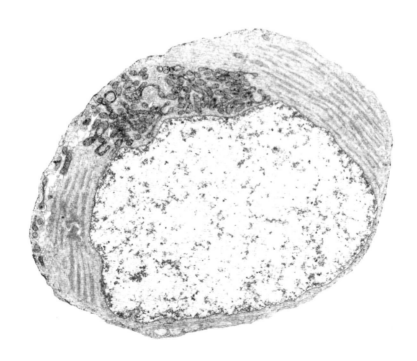

Comparaciones de células sanas y enfermas

Aquí, una célula, rodeada de sus vecinas, nos muestra su estructura interna. Fíjate en lo bella y organizada que se presenta la célula sana que te estoy mostrando.

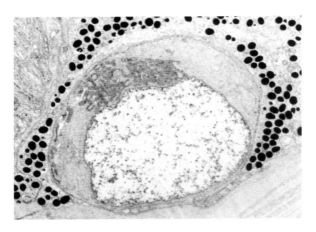

Las células enfermas, por el contrario, pierden su integridad organizativa a la vez que su función. La célula enferma que aquí aparece se está disgregando en fragmentos que serán reciclados más tarde.

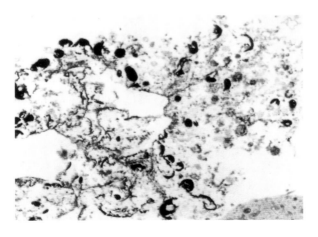

Las células del cristalino de un ojo sano describen perfectamente la circunferencia que lo conforma, y permiten que la luz pase de manera clara para que la visión sea buena.

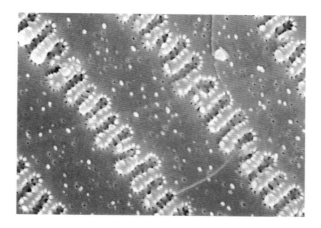

Las células del cristalino de un ojo con cataratas pierden la belleza de su estructura, de modo que la visión se deteriora o incluso se pierde.

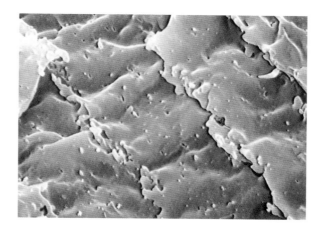

Una familia de células llamada fagocitos, que significa "células comedoras", limpian los deshechos de las que mueren. Un tipo de fagocito, los macrófagos, son conocidos como los "grandes comedores". Aquí aparece un macrófago devorando tejido conectivo dañado.

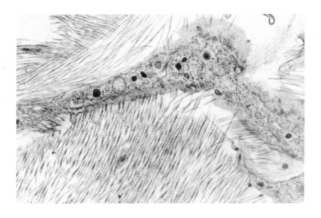

Los macrófagos crean sacos que recogen el material fagocitado, el cual será reciclado, digerido y quedará listo para ser reutilizado por las células sanas.

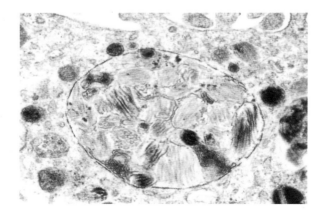

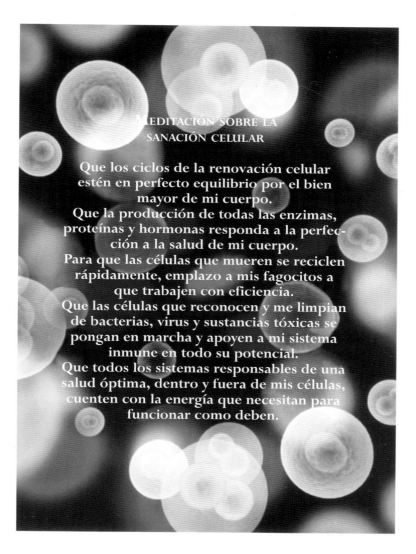

MEDITACIÓN SOBRE LA SANACIÓN CELULAR

Que los ciclos de la renovación celular
estén en perfecto equilibrio por el bien
mayor de mi cuerpo.
Que la producción de todas las enzimas,
proteínas y hormonas responda a la perfec-
ción a la salud de mi cuerpo.
Para que las células que mueren se reciclen
rápidamente, emplazo a mis fagocitos a
que trabajen con eficiencia.
Que las células que reconocen y me limpian
de bacterias, virus y sustancias tóxicas se
pongan en marcha y apoyen a mi sistema
inmune en todo su potencial.
Que todos los sistemas responsables de una
salud óptima, dentro y fuera de mis células,
cuenten con la energía que necesitan para
funcionar como deben.

Disfruta del reparador descanso que te ofrecen las seis páginas siguientes. Puedes utilizar estas imágenes para limpiar tu mente, descansar y centrarte en el momento presente. Deja que estas palabras se cuelen suavemente en tu pensamiento, reconforten tu espíritu y comiencen a sanar tus células.

La sanación se produce
del mismo modo que la creación:
célula a célula,
respira el aliento de la vida.

Que el aliento de la vida entre en tus células mientras te imaginas abriéndote a la energía salvadora, como un loto se abre al sol.

Práctica de apreciación

Observa una célula:
mira el poder de la Creación,
contempla su diseño divino,
aprecia su inmensa sabiduría.
Te encuentras ante el corazón de todo.

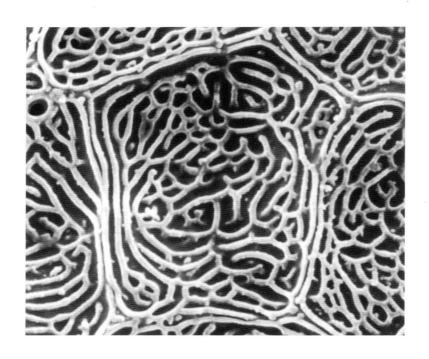

Mira una flor.
Observa su diseño divino.

Contempla una montaña.
Observa el poder de la creación.

Piensa en una libélula.
Contempla su inmensa sabiduría.

El universo es misterioso.
El universo está en constante creación.
El universo equilibra dinámicamente su flujo
y su organización. El universo es plástico, se renueva
y se repite constantemente.

Como el universo, también la vida es misteriosa, creativa,
dinámicamente equilibrada y plástica. Detente un momento y
disfruta de las cualidades del universo y de la vida. ¿Cuáles de
ellas apoyan tu sanación hoy? Tal vez el misterio de una galaxia inexplorada...

...o la creatividad de estas semillas a punto de disgregarse...

...quizá el equilibrio dinámico de un paisaje cambiante...

...o la resiliencia de una flor que se abre en la nieve.

LIBERAR BLOQUEOS EMOCIONALES

Fíjate en los dos dibujos siguientes; utiliza la primera imagen de las nubes que cubren Mount Baker como metáfora de tus emociones bloqueadas, ya sean generadas por ti mismo o absorbidas empáticamente.

Permite que tus bloqueos emocionales asciendan hacia el cielo de la transformación, del mismo modo que las nubes ascienden y liberan la montaña. Continúa concentrándote y deshazte de cada emoción que ya no te sirva.

Limpiar bloqueos físicos

Aquí te presento dos modos de eliminar los bloqueos físicos que podamos sufrir. Uno nos invita a trabajar con el fenómeno natural del hielo derritiéndose, y el otro con una vasija sagrada.

Como el hielo que se funde al sol del invierno, visualiza cualquier bloqueo físico que impida tu buena salud deshaciéndose y fluyendo para alejarse de ti.

Visualiza que llenas una vasija con el espíritu o la conciencia de tu enfermedad, así como de cualquier bloqueo físico que hayas podido percibir. Pide que la dolencia se transforme, representada aquí por unas plumas blancas, y que aleje de ti cualquier impacto negativo que haya podido ocasionar. Busca tu propia vasija ceremonial y crea un lugar sagrado en el cual limpiarte diariamente.

LIBERAR BLOQUEOS ESPIRITUALES

Permítete sentir una profunda conexión con tu realidad espiritual. Tal vez la imagen de un águila aporte a tu espíritu sensación de libertad, y te invite a elevarte sobre la pesada carga de los malestares espirituales.

Deja que tu flujo interior se deslice desde la cabeza hasta los pies, como si estuvieras bañándote bajo una cálida cascada tropical.

ENCONTRAR TU VELOCIDAD PERSONAL DE FLUJO

Tu fluir variará dependiendo del momento del día, la situación y tu naturaleza básica. Cada vez que medites o te pares un instante a pensar en ti mismo hazte consciente de tu velocidad personal. ¿Se acerca más a las aguas en calma que tienes aquí debajo, a los rápidos de la página siguiente, o se encuentra en un punto intermedio?

Cuando seas perfectamente consciente del ritmo de tu fluir, piensa si es la adecuada para ti. Ajústala a tus necesidades. Si estuvieses en una balsa que desciende por este río, ¿preferirías escapar de él por el siguiente afluente, o disfrutarías bajando a toda velocidad por la montaña? ¿Con cuál te identificas?

Una científica se convierte en sanadora

Las células son tan pequeñas que cabrían 10.000 en la cabeza de un alfiler, y sin embargo cada una de ellas contribuye a la salud de tu cuerpo. Para poder acceder al minúsculo mundo que encierran en su interior, los científicos usan microscopios especiales que utilizan electrones en lugar de luz. El microscopio electrónico nos permite ver imágenes de la superficie externa de las muestras de tejido. El microscopio electrónico de transmisión, por su parte, nos muestra el interior de las células, ampliándolas hasta un millón de veces.

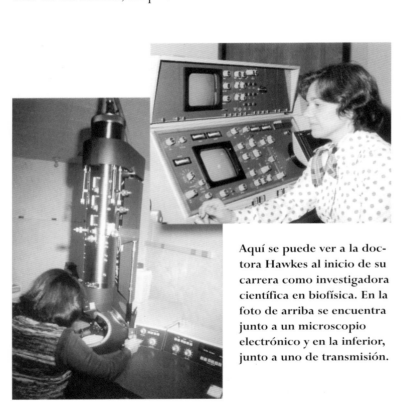

Aquí se puede ver a la doctora Hawkes al inicio de su carrera como investigadora científica en biofísica. En la foto de arriba se encuentra junto a un microscopio electrónico y en la inferior, junto a uno de transmisión.

Una nueva consciencia surgida de una experiencia cercana a la muerte, en 1984, hizo que los intereses de la doctora Hawkes se volvieran hacia la sanación. En el verano de 2005 fue invitada por el doctor Akio Mori a su laboratorio de la Universidad Nihon de Tokio, para realizar un mapa de sus ondas cerebrales con un electroencefalógrafo de ciento veintiocho sensores. El doctor Mori comentó: "He medido las ondas cerebrales de mucha gente, pero el cerebro de la doctora Hawkes muestra una capacidad de concentración superior a cualquier otra que haya registrado con anterioridad".

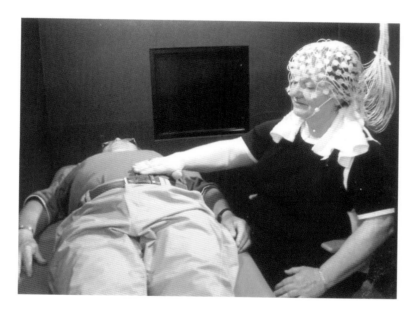

Trazado electroencefalográfico de las ondas cerebrales de la doctora Hawkes durante una sesión de sanación en el laboratorio del doctor Akio Mori, de la Universidad Nihon de Tokio.

Las pruebas electroencefalográficas cuantitativas realizadas por el doctor Juan Acosta-Urquidi mientras la doctora Hawkes meditaba y enviaba energía de sanación a un paciente que se encontraba a unos cinco mil kilómetros de distancia, mostraron cómo aumentaba considerablemente la sincronía de su cerebro, en la medida en que muchas partes de él se conectaban durante el proceso de sanación.

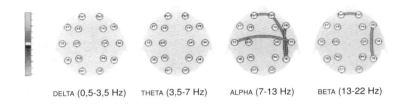

DELTA (0,5-3,5 Hz)   THETA (3,5-7 Hz)   ALPHA (7-13 Hz)   BETA (13-22 Hz)

Representación gráfica de los datos obtenidos por el electroencefalógrafo cuantitativo durante diez minutos en condiciones basales.

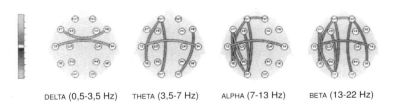

DELTA (0,5-3,5 Hz)   THETA (3,5-7 Hz)   ALPHA (7-13 Hz)   BETA (13-22 Hz)

Representación gráfica de los datos obtenidos por el electroencefalógrafo cuantitativo durante quince minutos de sanación a distancia.

En 2006, el doctor Acosta-Urquidi volvió a registrar las ondas cerebrales de la doctora Hawkes mientras trabajaba con dos pacientes sentados frente a ella a una distancia de unos dos metros. Durante el proceso de sanación los datos mostraron niveles más altos de ondas delta, picos de ondas beta y un aumento de alfa en comparación con los obtenidos anteriormente. En los límites de la neurología, emerge el campo de la neuroplasticidad, que nos ayuda a comprender cómo aplicar la asombrosa habilidad de nuestra mente a la sanación a nivel celular (ver el apéndice).

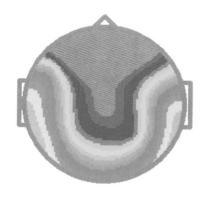

Test electroencefalográfico cuantitativo durante una sesión de sanación con un paciente sentado frente a la doctora Hawkes. Las ráfagas de ondas cerebrales delta muestran una actividad equivalente a más del doble de la habitual. Los colores brillantes reflejan la intensidad de la actividad cerebral.

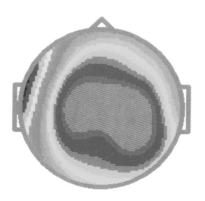

Los datos del electroencefalograma cuantitativo muestran un impresionante aumento en las ondas cerebrales beta de la doctora Hawkes durante una sesión de sanación de quince minutos con un paciente. La actividad alfa también se vio aumentada (aunque aquí no se muestra), pero solamente en uno de los hemisferios del cerebro.

Gran Padre, inspiración de la creación,
Gran Madre, océano de vacío,
unión en la felicidad,
misterio sin resolver,
vosotros que me habéis otorgado
el milagro del nacimiento:
con ráfagas de luz creadora,
con cuerpo e identidad,
otorgadme ahora, una vez más,
vuestra inefable y sublime integridad,
para que me disuelva
y renazca a cada instante,
con una nueva forma en mi cuerpo,
originada por la luz
tocada por la gracia de la felicidad,
y responda naturalmente en el amor.
Que en cualquier lugar
de la dimensión del tiempo y su disciplina,
encontremos la conexión divina...
disolviéndonos, al igual que comenzamos,
en la dicha.

4

La firma del alma y el fluir

Las filosofías antiguas llaman a la energía de la vida de muy diversos modos. Uno de ellos es el *chi*.

Un abundante flujo chi se asocia con la buena salud, mientras que la ausencia de éste se corresponde con la enfermedad. Cuando se eliminan los bloqueos, se recupera el flujo continuo del chi y esto hace que el cuerpo, la mente y el espíritu se muestren abiertos y limpios.

Sin embargo, la pregunta que ahora nos planteamos es: ¿cuál es la naturaleza de este flujo de energía? Al comenzar a trabajar con pacientes, pude sentir en ellos ciertos patrones vitales, y pronto me di cuenta de que curiosamente estos esquemas eran diferentes en cada persona. Su diseño era único, como lo son las huellas dactilares o los copos de nieve. De hecho, llegué a ser capaz de reconocer a los pacientes y recordar los asuntos que habíamos tratado anteriormente en nuestras sesiones a través de esta característica particular de su flujo energético.

Cada persona representa una variación
característica de la energía universal.

Por aquella época me preguntaba cómo podía el chi ser tan variable, si acaso existía algo así como una "firma energética" que formara parte de la identidad particular de cada individuo. Finalmente desarrollé dos principios:

1. Cada persona representa una variación característica de la energía universal, un modelo único y natural que diferencia cada conciencia particular. Esto es a lo que yo llamo la *firma del alma.*
2. Un organismo sano posee un flujo abundante de energía que lo recorre. De ahora en adelante utilizaré siempre este término, *flujo,* para referirme a los aspectos cuantitativos de la velocidad y la dirección de la *firma del alma.*

Examinemos ahora el significado del flujo a nivel celular, teniendo en cuenta que se trata de un hecho biológico fundamental para la vida, ya que toda célula experimenta una constante corriente de entrada y salida de elementos, necesaria para su supervivencia. Dentro de este esquema se engloban las funciones de crecimiento, reparación, replicación, respuesta a estímulos, obtención de nutrientes y eliminación de deshechos que son realizadas por ellas. Científicamente este hecho biológico se denomina *homeostasis,* que significa literalmente "condición de equilibrio relativamente estable". Esa situación de profunda armonía evita que se produzcan cambios bruscos, los cuales podrían incluso llegar a matar estas delicadas unidades de vida. Los complejos bucles de retroalimentación que experimentan hacen que las células se mantengan a la temperatura adecuada, regulen su tamaño y mantengan su organización molecular relativamente constante. De esta forma es como el alimento y el oxígeno entran en las células, y como se eliminan los deshechos. Si el flujo cesa, la vida de las células se extingue. Así, si una enfermedad no permite que éste alcance un área amplia de células de un órgano vital, el cuerpo entero muere.

Tratar de comprender esta cuestión nos coloca en el delicado umbral que separa lo físico de lo emocional y lo espiritual. Así, un flujo estable cambia la percepción interior de la persona de vacía a plena, y hace que pase de despertarse angustiada por las mañanas a hacerlo llena de satisfacción, deseando disfrutar del día que se le presenta. La alegría de vivir puede desencadenar repentinos arrebatos de gratitud. Cuando el flujo alcanza todos los niveles del individuo, desde el alma hasta las células, el ímpetu que se experimenta llena de color hasta las tareas más simples de nuestra vida, y el cuerpo responde con una mejoría de la salud. La sanación espiritual funciona mejor, por tanto, si lo hace en consonancia con el orden natural de las cosas.

Ed me llamó para pedirme cita porque le intrigaban las ideas sobre la energía de las que me había oído hablar por la radio, en una entrevista que me hicieron para el programa *Coast to Coast* de Art Bell. Había sentido la muerte de cerca mientras estaba ingresado en el hospital a causa de problemas derivados del alcoholismo que sufría. Afortunadamente se recuperó por completo y cuando se puso en contacto conmigo ya no consumía alcohol, aunque le habían quedado graves secuelas cardíacas a las que aún debía enfrentarse. Por desgracia, la primera sesión que realizamos pareció no surtir demasiado efecto. Tuvimos que concentrarnos al máximo para conseguir tan sólo que la energía que bloqueaba su cuerpo se liberara y comenzara por fin a sentir un mínimo de flujo. Por suerte, ambos apreciamos un cierto progreso que, aunque demostró no ser más que un efecto temporal, nos animó a seguir adelante. Tras unas cuantas sesiones más, Ed comenzó, esta vez sí, a responder de modo físico. Ya se sentía con más energía, menos cansado. "Sencillamente me encuentro mejor", me decía.

Continuamos con nuestras sesiones individuales y Ed se unió además a mis clases, con la intención de tratar de desarrollar su propia capacidad de sanación. Disfrutaba concentrando su energía curativa en otras personas, y demostró ser muy bueno a la hora de liberar bloqueos y aumentar el flujo energético de sus compañeros. Además, los resultados que se produjeron en su propio cuerpo fueron de lo más significativo, ya que era obvio que su salud continuaba mejorando día a día. El objetivo vital de Ed se había ampliado, y comenzó a trabajar durante los fines de semana como voluntario en una librería espiritual, donde él mismo llevaba a cabo sanaciones energéticas.

Nos seguíamos viendo una vez al mes para nuestras sesiones, con el fin de reforzar el flujo de su cuerpo. A medida que su salud física iba mejorando, Ed fue viviendo experiencias espirituales realmente extraordinarias. Le inundaban la sensación de flotar en el aire, de expandirse o de carecer de peso físico, y las recibía con alegría y sobrecogimiento. Cada sesión le daba acceso a un nivel nuevo de conciencia, lo que le hizo variar profundamente la visión que tenía de sí mismo.

Nuestro objetivo se transformó y nos esforzamos por encontrar una cualidad energética que estabilizase el patrón de Ed para que no volviera a bloquearse después de las sesiones, cuando se viera obligado a enfrentarse a situaciones de estrés en el trabajo o en la vida cotidiana: a cuestiones triviales como el tráfico, las compras diarias o los asuntos de dinero.

Yo le escuchaba, y pronto fui capaz de percibir la inigualable energía que resonaba en el centro de su ser. Muchas experiencias previas me habían enseñado a ponerme en consonancia con la impronta energética particular de mis pacientes, por lo que me di cuenta de inmediato de que Ed tenía sus propios ángeles, sus propios guías, y un alma de sanador; pero los había enterrado todos bajo la imagen que se había forjado de sí mismo durante tantos años de verse en su papel de astuto ejecutivo y hombre de negocios, además de enfermo alcohólico. Al trabajar con él, descubrí lo que he terminado por llamar la firma del alma, específica de cada persona.

El modo en que Ed se veía a sí mismo no favorecía su salud física ni la paz de su alma, así que se sintió fenomenal desde el preciso instante en que descubrimos su energía interna. El siguiente paso consistiría en estabilizarla, y en enseñarle cómo podía acceder a su firma del alma. Una vez más, pude comprobar que el trabajo energético resulta más efectivo cuando se realiza con respeto y en armonía con la energía específica del individuo.

La firma del alma se deriva de los tres aspectos del flujo que explicaré a continuación:

1. Una frecuencia de vibración exacta, que puede ser localizada al liberarnos de las creencias u otros bloqueos que sufra nuestro verdadero yo.
2. La velocidad del flujo.
3. La dirección del flujo.

La frecuencia de vibración del flujo

Nuestra percepción del color está relacionada con una cierta velocidad o frecuencia de vibración de la radiación electromagnética que nuestros ojos son capaces de captar. El universo entero está en continuo movimiento, cada elemento a diferentes velocidades de vibración. No todas ellas producen color, porque no todas se encuentran dentro de nuestro relativamente limitado espectro visible de radiaciones electromagnéticas. Como sistemas biológicos que somos, nos mostramos altamente sensibles a la luz y el color. Esta cualidad también alcanza a nuestra impronta espiritual. De hecho, este concepto se viene interconectando con el de la sanación en los estudios de tipo esotérico desde hace décadas, e incluso desde hace siglos en culturas indígenas.

Generalmente, a cada centro energético de nuestro cuerpo (los *chakras*) y al campo de energía que lo rodea (el *aura*) se les adscribe un color concreto. Se puede decir que aquellos que son capaces de percibir estas tonalidades están usando su *visión interior:* un estado alterado que permite a la persona percibir imágenes y colores que los ojos físicos normalmente no pueden apreciar.

El color interior se percibe como
un cilindro de luz, que se extiende
a lo largo de la columna vertebral.

Comenzar a trabajar con el color, hace ya muchos años, me permitió apreciar aspectos cada vez más profundos del cuerpo humano. Comencé a distinguir el *color interior*, lo cual se percibe como un cilindro de luz que se extiende a lo largo de la columna vertebral. Como parte de la firma del alma, el color interior se muestra más estable que el del aura, ya que no cambia con los estados de ánimo o las diversas situaciones de la vida. ¿Podemos decir, entonces, que el color interior es un reflejo de nuestro verdadero yo, de nuestra alma? No tengo una respuesta definitiva a esta pregunta, pero según mi experiencia, estos colores forman parte de la singularidad y el misterio del ser, así como de su conexión con todo lo que existe en el universo. ¿Cambia durante nuestra vida, a medida que crecemos y evolucionamos? Tampoco puedo contestar a esto, pero la observación me ha demostrado que ni en nuestros cuerpos ni en nuestras almas existe nada estático, sino que nos movemos entre la comodidad de lo permanente y la euforia de la continua transformación que experimentamos con el paso del tiempo. Vibrantes y misteriosas, estas oscilaciones armónicas (los cambios de frecuencia) del universo residen también dentro de nuestro ser. Nuestro color interior se muestra como un faro de luz interna y puede constituir una fuente de sanación para nuestras células, si se transmite una frecuencia de vibración saludable al organismo.

La tabla 1 da ejemplo de algunos de los colores interiores y las cualidades a las que, según mi experiencia, pueden ir asociados. No pretendo sugerir que éstos sean todos los existentes, ni que las interpretaciones que hago de ellos sean las correctas. Simplemente espero que te inspiren a descubrir el concepto del color interior por ti mismo. Podrías incluso tratar de crear una clasificación personal que refleje tu propia concepción al respecto.

COLOR	CARACTERÍSTICAS
Blanco	Protegido por la intervención divina
Amarillo	Gran capacidad mental
Dorado	Compasión
Rojo	Vitalidad
Verde	Salud física
Azul	Claridad
Índigo	Conocimiento interior
Arco iris	Integración de los valores terrenales y espirituales
Morado con brillos en plata u oro	Singularidad

Tabla 1

PUENTE HACIA LA SANACIÓN

Aquí te presento algunos métodos que puedes utilizar para identificar tu color interior:
– Durante tus sesiones de meditación, es posible que veas un color brillar dentro de tu mente. Concéntrate en el interior de tu cuerpo, en la zona que

rodea tu columna. Si el color se mantiene, puedes trabajar con él como tu color interior.

– En ocasiones, es posible que te sientas invadido por la compasión, la lucidez o el conocimiento interior, o incluso por todo ello a la vez. Si algún color acompaña a estas sensaciones, eso significa que la cualidad y el color estarán conectados en el mismo nivel de frecuencia de vibración.

– También otros pueden percibir tu color interior. Esto suele producirse, por ejemplo, durante una sesión con un sanador. Cuando entres en contacto con tu color interior, te sentirás lleno de felicidad, paz y energía.

La velocidad del fluir

La segunda cualidad del Fluir es la velocidad. Si su energía se mueve muy deprisa puede resultar inquietante, pero si lo hace muy despacio puede dar sensación de inmovilismo. Para que se integre, la energía de sanación debe moverse a un ritmo similar al del fluir natural del paciente.

Imagínate un pequeño carrusel en un parque infantil. Quieres subirte a él, pero para eso tienes que echar a correr hasta alcanzar la velocidad a la que gira el aparato. Sólo entonces te podrás agarrar a una de sus barras y saltar dentro. Si lo haces bien, podrás disfrutar de un divertido paseo con los demás niños, pero si calculas mal, sólo conseguirás caerte al suelo. Del mismo modo, mantener velocidades de flujo cercanas entre sí situará en perfecta sincronía y hará compatibles las energías generadoras del sanador y el paciente.

Mantener velocidades de flujo cercanas
entre sí situará en perfecta sincronía y hará compatibles
las energías generadoras del sanador y el paciente.

Utiliza el siguiente ejercicio para determinar tu velocidad de flujo óptima. Debes tener en cuenta que suele variar de un día a otro, aunque siempre podrás volver a realizar este ejercicio para determinar la velocidad más conveniente para una tarea o momento concretos.

PUENTE HACIA LA SANACIÓN

1. La velocidad del flujo varía dependiendo del periodo del día, las situaciones en las que nos encontremos y la naturaleza básica de cada persona. Cada vez que medites o sencillamente te tomes unos instantes para ti mismo, fíjate en lo rápido que se mueve tu interior. Toma nota de tu velocidad de flujo personal en ese momento concreto.

2. Cuando seas completamente consciente de tu velocidad interior, analiza si es la adecuada a la situación que estás viviendo.

3. El reconocimiento consciente del flujo te permite ajustar su velocidad al nivel óptimo correspondiente a cada circunstancia vital. El flujo se percibe a través de respiraciones muy profundas. En las páginas 90 y 91

se muestran imágenes de agua, en calma o descendiendo abruptamente por la montaña, para ilustrar ambos extremos de la velocidad del flujo de energía. ¿Con cuál te sientes identificado?

La dirección del flujo

Mucha es la gente que ha leído sobre la energía kundalini, o que ha asistido a alguna charla sobre el tema. Algunos, inspirados por las historias que se cuentan sobre cómo lograr el éxtasis con el flujo ascendente de la energía partiendo desde la base de la columna vertebral (desde el sacro) hacia arriba, intentan despertarla ellos mismos para hacer que también fluya por sus espaldas en la misma dirección. Sin embargo, la realidad es que ese sentido de movimiento energético hace que muchos individuos se sientan físicamente mal o, como poco, frustrados por no poder mantenerlo una vez han logrado establecerlo. Tras veinte años de profesión, sólo he conocido a un puñado de personas a las que el flujo de energía ascendente les resulta saludable. La mayoría de nosotros nos nutrimos de una corriente que fluye desde la cabeza hacia abajo, y no al contrario. Este patrón se podría denominar *homeostasis espiritual,* por tratarse de un proceso análogo al del flujo de nutrientes y energía que mantiene vivas nuestras células. Así, todo lo que entra, sale y renueva constantemente nuestra plenitud de energía e inspiración.

PUENTE HACIA LA SANACIÓN

 Visualiza la parte superior de tu cabeza abriéndose como una flor. Invita a la energía del amor de Dios a que entre en ti y recorra tu cuerpo, llenando de vida todas tus células. Después percibe cómo ese poder abandona tu organismo suavemente a través de los pies.

¿Cómo se puede mantener el fluir que se experimenta durante la meditación o tras una sesión con un sanador energético? Es más, ¿cómo pueden cuidadores, padres y personas con capacidades empáticas innatas mantener su propio flujo de energía personal sin contagiarse de aquellos que los rodean? La historia de Jason ilustra muy bien cómo es posible hacerlo.

Jason vino a mi consulta agotado y desmoralizado a causa de su trabajo. Se podría decir incluso que se encontraba decepcionado con su vida. Era profesor universitario y adoraba su profesión, pero daba tanto de sí mismo a sus alumnos, como educador y tutor, que se sentía extenuado. Le dolía el cuerpo. Noche tras noche, fuertes molestias en las rodillas, los hombros y el cuello no le dejaban dormir de un tirón.

Durante su tercera sesión, y después de una profunda limpieza, Jason experimentó una sensación fuera de lo común. La energía fluía por su cuerpo como el agua de una cascada y se mostraba de un modo tan físico que la podía notar haciéndole cosquillas en las plantas de los pies. El dolor abandonó su cuerpo, y su ánimo mejoró de inmediato. Se sentía fuerte y lleno de felicidad. Seguimos trabajando durante cinco semanas más, y después nos tomamos un descanso. A los veinte días, cuando volví a verle, aún disfrutaba de muchos de los efectos positivos que habíamos obtenido, pero poco a poco el agotamiento y la falta de ánimo habían vuelto a instalarse en su día a día. Exploramos las causas que podían dar lugar a aquellos sentimientos negativos recurrentes y nos dimos cuenta de que el opresivo clima de autoridad que existía en su trabajo iba minándole paulatinamente y bloqueaba su flujo energético.

El proceso por el cual pretendíamos restablecer la paz interior de Jason incluía, entre otras cosas, algo tan sencillo como que recordase las cosquillas que aquel primer flujo, aquella cascada, le había hecho sentir y que habían sido tan liberadoras. La práctica de la meditación, la gratitud y la oración, combinadas con un estilo de vida saludable, una alimentación equilibrada, un poco de ejercicio físico y el hecho de tener una comunidad de apoyo fuera del trabajo, le permitieron desterrar toda la energía destructiva que acumulaba.

La curación a nivel celular ayudó a Jason a conectar con un flujo de energía positiva. Mantenerlo y ganar confianza en que sería capaz de ejercitarlo por sí mismo probaron ser claves para que continuase gozando de buena salud.

· · ·

La conexión con nuestra firma del alma
siempre nos otorga sanación.

Existen cientos de métodos de protección que se supone pueden evitar que las energías negativas afecten a nuestra salud o a nuestro proceso de sanación, como llevar amuletos o repetir palabras mágicas. Los he probado casi todos personalmente, y tras muchas decepciones, esperanzas frustradas y pérdidas de fe, me he dado cuenta de que la única estabilidad y protección que existen en realidad han de partir necesariamente de la conexión con la naturaleza, la fuente, Dios, el universo, o como queramos llamarlo. A menudo nos concentramos en personas o acontecimientos que nos deprimen y que hacen que malgastemos nuestra preciosa fuerza vital, como si nos revolcásemos en un lodazal de negatividad. Nadie puede evitar encontrarse con dificultades en su camino, pero superarlas y reunirse con el Espíritu Superior renueva el flujo que nos da vida. La conexión con nuestra firma del alma siempre nos otorga sanación.

5

Nueva visión sobre los centros energéticos

Parece que en toda clase sobre sanación, tras una breve introducción durante la que se nos explican los conceptos generales que se van a manejar, el instructor se lanza siempre a describir los siete "chakras" clásicos. Algunas escuelas de pensamiento incluyen, en realidad, hasta doce. Las tradiciones que se basan en el uso de estos centros de energía que se alinean a lo largo de nuestra columna vertebral, con sus correspondientes colores, simbología, leyenda y métodos de limpieza asociados, sugieren que cualquiera que consiga mantenerlos en su condición óptima logrará obtener como recompensa un buen estado de salud. Hace años también yo me dediqué formalmente a aprender este sistema; a limpiar los chakras, reconstituirlos y tratar de conseguir que brillasen con el color que a través de la historia les había sido asignado. He de reconocer que algunos de mis pacientes, en efecto, consiguen recargar de fuerza renovada sus organismos al aplicar estas técnicas tradicionales, pero otros muchos, por el contrario, no notan ningún beneficio, y ni siquiera es infrecuente encontrarse con personas que parecen enfermar al trabajar con este concepto.

Los centros energéticos considerados desde un punto de vista alternativo

La respuesta negativa que se puede llegar a generar en algunos pacientes al actuar del modo clásico sobre sus centros de energía me impulsó a investigar un nuevo punto de vista desde el cual contemplarlos. Finalmente, me decidí por variar el modo en el que había venido aplicándolos, y dejé de imponer una cierta frecuencia de vibración y color concretos a los diferentes centros o chakras. Ahora, lo que hago es tratar de sentirlos, observarlos y escucharlos hasta llegar a percibir su auténtico color, la tonalidad que ya reside en ellos. Si esta frecuencia se ve comprometida por algún tipo de bloqueo, el primer paso consistirá en eliminarlo, lo que permitirá al verdadero color ocupar el nuevo espacio que hemos abierto para él. Si lo analizamos con detenimiento, nos daremos cuenta enseguida de que ésta, en realidad, no es más que otra aplicación del concepto de firma del alma.

Sentir, observar y escuchar los centros energéticos
es el modo de llegar a percibir su auténtico color,
la tonalidad que ya reside en ellos.

Hay días en los que yo misma soy capaz de oír cantar a mis centros energéticos teñidos, por ejemplo de color plata, mientras que otros se me muestran como una paleta de diferentes tonos entremezclados unos con otros. Cuando me siento vacía de energía, o noto su luz un tanto apagada, me concentro especialmente en la fase de limpieza durante mi sesión de sanación, para pasar después a las técnicas de flujo.

Durante esta segunda fase, entro en un estado de profunda quietud meditativa, y confío en que la energía equilibradora que he alcanzado se ocupe de rellenar los espacios vacíos que he liberado para ella. También aprovecho este momento para pedir información y orientación divina, si creo que la necesito. Entonces, el brillo de un color se me puede representar en la mente, y llenarme de paz o hacer que un escalofrío me recorra la espalda. Todas éstas son, para mí, claras señales de que mis chakras vuelven a encontrarse plenos de energía. Estas técnicas alternativas, en mi experiencia, han probado ser mucho más efectivas que la aplicación de los colores tradicionalmente aceptados.

. . .

El viaje de sanación de uno de mis pacientes en particular me hizo consciente de lo imprescindible que resulta concentrarse siempre en las necesidades de cada persona en concreto, y no en la concepción clásica del aspecto que deberían presentar los centros energéticos. Mike, un psicoanalista jungiano en formación, comenzó a caer enfermo de manera repetida, afectado por una infección vírica tras otra. Apenas era capaz ya de seguir el ritmo de sus cursos de preparación profesional, y la medicina tradicional no conseguía ayudarle, así que decidió explorar enfoques alternativos. Los complementos vitamínicos lo único que conseguían era que le molestase el estómago, y aunque la acupuntura sí le mejoraba un poco, su efecto no era duradero, así que se acercó a mi consulta como último recurso.

La primera sesión que tuvimos resultó de lo más descorazonadora. Tras abandonar Mike mi despacho, medité durante horas sobre su situación, y pedí a Dios que me ayudase a comprender lo que le ocurría. En estas ocasiones, suelo ver tonos de un morado intenso con mi ojo interior, pero al orar por Mike un brillante color plata con destellos de luz me inundaba, como las estrellas del cielo de Nueva Inglaterra en enero.

Descubrí que el problema no residía tanto en sus centros energéticos como en el color que recorría su columna vertebral. Con mi sutil visión interna percibí un cilindro plateado en el centro de la espalda de Mike, que le llegaba desde el cuello hasta el sacro. Su color se desvelaba dinámico y rutilante. Los antiguos textos hinduistas y budistas hablan de ese cilindro, o canal, con el nombre de *sushumna*. En estas tradiciones, los centros energéticos se representan en forma de ruedas de luz y color, unidas cada una de ellas a dicho cilindro central, así como a dos canales paralelos que se denominan *nadis*.

En la siguiente sesión, cuando le apliqué a Mike el color que había percibido, ambos pudimos comprobar que su efecto era espectacular. Una especie de "alivio de plata" pareció llenarle cuando comencé a reforzar esta frecuencia de vibración en sus *nadis* y *sushumna*. Su cuerpo poco a poco volvió a ser capaz de superar las infecciones con normalidad, y enseguida dejó de mostrarse sensible, como le había ocurrido hasta entonces, al más leve rastro de polución que hubiera a su alrededor. A medida que iba aprendiendo a meditar con este color como base para sus visualizaciones, también su salud mejoraba. Una vez su estado se hubo estabilizado, empezamos a incluir en las sesiones ciertas pinceladas de rojo en su primer centro energético, lo cual le aportaría vigor y resistencia, un toque de oro en el tercero para apoyar un fuerte sentido del ser y un poco de morado en la cabeza para mejorar la meditación, manteniendo siempre el plateado como su color predominante. Con estas técnicas, Mike pronto pudo reincorporarse a su vida profesional y personal con plena salud.

Los centros energéticos desde el punto de vista clásico

Las localizaciones, colores y significados que habitualmente se asocian a los centros energéticos suelen presentarse como podemos observar en la tabla 2.

Respira profundamente y concentra tu enfoque interior en la región de tu columna.

PUENTE HACIA LA SANACIÓN

– Visualiza cómo tu primer centro energético se llena con la luz del color rojo. Pregúntate: ¿hace este color que me sienta bien? ¿Se relaja de forma natural mi cuerpo con el color que he elegido? ¿Siento

CENTRO ENERGÉTICO	LOCALIZACIÓN	COLOR	SIGNIFICADO
Primero	Base de la columna	Rojo	Soporte de la energía vital del resto del cuerpo
Segundo	Ombligo	Naranja	Fuerza de las habilidades mentales
Tercero	Diafragma	Dorado	Compasión
Cuarto	Corazón	Verde	Vitalidad
Quinto	Garganta	Azul	Salud física
Sexto	Entre ambos ojos	Índigo	Comprensión y clarividencia (visión interior)
Séptimo	Coronilla	Morado	Conexión con Dios

Tabla 2

cómo se eleva mi espíritu cuando visualizo este tono? Si tu respuesta ha sido sí, sigue subiendo hasta el próximo centro energético y, con su color correspondiente en la mente, hazte las mismas preguntas.

– Si al visualizar los colores clásicos que se describen en la tabla 2, no consigues resultados positivos, trata de determinar tus propios colores: respira profundamente y deja que tu enfoque interior se desplace hasta la columna. ¿Puedes intuir algún color o colores que armonicen con tu ser interior? Si la respuesta es afirmativa, imagina que éstos viajan hacia cada centro energético, comenzando por el primero y subiendo hasta el séptimo. Prueba cuál es tu posible color interior haciéndote las mismas preguntas que utilizaste antes acerca de los tonos tradicionales.

– Las personas con poca capacidad de visualización pueden trabajar también con frecuencias de vibración, que no están limitadas al espectro electromagnético de la luz visible. Por ejemplo, puedes escuchar un sonido resonar en el centro de tu ser, lo cual te permitiría alinear tus centros energéticos y equilibrarlos, reproduciéndolo tú mismo.

– Si te resulta más sencillo el enfoque cinestésico, también a través del tacto se puede alcanzar la armonía de los centros energéticos, y para ti ésta puede ser la herramienta más eficaz y accesible para equilibrarlos.

A medida que continúes explorando, verás cómo descubres nuevos aspectos de ti mismo y nuevos modos de alcanzar el equilibrio y la armonía que te ayudarán a dar respuesta a los pequeños retos del día a día.

6

Conceptos generales
sobre las células

Uno de los principios básicos de la biología, y que todos aprendimos ya en el colegio, es que los seres vivos estamos compuestos por minúsculas células que sólo pueden ser observadas utilizando un microscopio. También aprendimos que, para dar vida, dos células, un óvulo y un espermatozoide, se unen y comienzan a multiplicarse de forma exponencial (dividiéndose primero en dos, luego en cuatro, en ocho...), hasta transformarse en una esfera primordial repleta de potencial creador que terminará dando forma a un cuerpo completo, con su hígado, su dedo gordo del pie y hasta su melena rizada de cabello cobrizo.

Los seres vivos estamos compuestos por minúsculas células
que solo pueden ser observadas utilizando un microscopio.

Las células de un salmón, las de un perro labrador, las de un imponente alce y hasta las de tu propio cuerpo muestran todas exactamente el mismo aspecto. De hecho, más de una de las que presento en este libro pertenecen en realidad a peces, y más concretamente a los ya citados salmones. Ni siquiera un científico entrenado en el manejo del microscopio electrónico es capaz de distinguir la configuración interna de la mayoría de las células pertenecientes a unas especies u otras. Es cierto que los peces poseen ciertas estructuras de las que los humanos adultos carecemos, como pueden ser las branquias, las aletas, las escamas o las células de colores de su dermis. Sin embargo, a pesar de que puedan parecernos muy diferentes en cierto nivel a las nuestras, en realidad presentan las mismas estructuras subcelulares básicas que a todas les permiten vivir. Así que cuando me refiera a las partes de las células encargadas de la energía, la acción, la información y la comunicación, y necesitemos recurrir a un modelo que nos ayude a comprender las nuestras propias, podremos hacer uso, sin ningún temor, de las imágenes de peces que proporciono aquí.

El parecido entre la estructura de nuestras células y las de las otras especies es una faceta más que nos hace reflexionar sobre cómo formamos un todo con la naturaleza, y cómo existe también una poderosa conexión entre nuestra mente, nuestro cuerpo y nuestro espíritu, que nos proporciona salud y sanación. Tomando el asunto desde un punto de vista práctico, darnos cuenta de cómo estamos unidos a toda la vida que nos rodea puede servirnos de ayuda a la hora de sanarnos. Además, esta misma conciencia energética la podemos utilizar para curar a otras especies, ya que sus funciones biológicas son muy similares a las nuestras.

A lo largo de los años, me han traído a muchos perros y gatos a la consulta para que los trate. Uno de ellos fue Wolf, un precioso perro pastor aquejado por un defecto cardíaco, un orificio en el tabique que separaba dos de las cavidades de su corazón. Este problema le producía un soplo tan grave que resultaba perfectamente claro al oído. Como es lógico, el pronóstico de Wolf era de lo más desalentador, ya que tendría que ser sacrificado en poco tiempo. Elaine me lo trajo en su Volkswagen. No se trataba de un animal especialmente sociable, así que me vi obligada a bajar yo al coche a buscarle, y sentarme junto a él en el asiento trasero del vehículo. Wolf me miraba con mucho recelo cuando empecé a hablarle, asegurándole que estaba allí con la sola intención de ayudar. Finalmente, me permitió que le pusiera la mano en el pecho, para así poder transmitir mi energía sanadora directamente a su corazón. Después de unos ocho minutos, el animal profirió un gruñido sordo y supe que nuestra primera sesión había concluido.

Elaine volvió con Wolf una vez a la semana durante algún tiempo. El perro me recibía ya con alegría, meneaba el rabo, me lamía la cara y me permitía sesiones de sanación cada vez más y más largas, que siempre acababan con ese sonido apagado que emitía cuando ya había absorbido suficiente energía. Cuando Elaine lo llevó al veterinario tras un mes de tratamiento, éste se mostró absolutamente asombrado al oír cómo el corazón de Wolf latía normalmente, sin rastro alguno de lesión. A partir de aquel momento, disfrutó de una vida larga y feliz al lado de su ama, tras haberme enseñado que la curación a nivel celular puede también ser empleada para ayudar a nuestros perros o a cualquier otra de nuestras mascotas.

Todo un mundo de belleza y diversidad que reside en nuestras estructuras celulares más pequeñas se abre ante nosotros, al igual que lo hace ese otro en el que habitamos: este planeta localizado en uno de los brazos de la Vía Láctea, en una asombrosa latitud y longitud de nuestro universo. Compartimos una misteriosa unión con el resto del cosmos desde el más profundo nivel estructural, funcional y de conciencia. Aunque no seamos capaces de explicarlo, reconocer este sentido de unidad biológica nos puede hacer capaces de proteger y sanar a nuestras familias, nuestras comunidades y, en definitiva, nuestro mundo.

Curación remota a nivel celular

Se podía percibir perfectamente la angustia de Teresa en el mensaje que me había dejado en el contestador de mi despacho. Me hablaba en un inglés rápido aunque entrecortado, y con un cierto deje canadiense que se mezclaba con un timbre exótico. Tras varios mensajes similares, decidimos ponernos en contacto personalmente, y romper así la distancia que el teléfono nos imponía. La madre de Teresa, Muma, vivía en Jamaica, y según me contaba su hija, ya no era capaz de ir caminando a oír misa hasta la parroquia de su barrio. Se sentía tremendamente agotada, y nadie era capaz de explicarle a qué podía deberse. Al no poder realizar esa actividad que tanto significaba para ella, Muma sentía que su vida se había detenido.

El hermano mayor de Teresa, Kwame, también vivía en Jamaica con Muma. Padecía diabetes y empezaba a manifestar en los pies los primeros signos de la degeneración circulatoria que suele acompañar a esta enfermedad.

Fijamos una hora para que yo llamase a Jamaica a la familia de Teresa. El teléfono sonó tres veces y Kwame contestó. No hablaba demasiado inglés, y parecía estar solo en casa. Pude oír el canto de un gallo en la lejanía. Kwame y yo intercambiamos saludos como una docena de veces, hasta que sencillamente me despedí de él y colgué el teléfono.

Me di cuenta de que el único modo en que podía ayudar a Muma y a Kwame era entrar en un estado de profunda meditación sanadora, y rezar para unirme a ellos sin necesidad de tener que utilizar el don de la palabra. Esta herramienta de sanación, a la que denomino *remota* o *a distancia*, resulta sorprendentemente potente y efectiva en las células.

En cuanto conecté con Muma, un profundo cansancio se apoderó de mí. Esperé a recibir una señal de hacia dónde debía concentrar mi energía de sanación. La fatiga se iba introduciendo cada vez más profundamente en mi organismo, como en oleadas, y finalmente me sentí como si me encontrara en el interior de las células de la mujer. Si comparásemos la energía contenida en una célula con la potencia de una bombilla, siendo normales las de 100 vatios, Muma representaba una de 15. Haciendo uso del nexo sanador a nivel celular más fuerte que era capaz de generar, me conecté con ella y le envié dos impulsos de energía. El primero aumentó su "potencia", y el segundo promovió un cambio en la información de su cuerpo, encaminado a apoyar esta sanación. Veía a Muma limpia y casi por completo libre de bloqueos, pero estaba claro que su campo energético carecía de flujo.

La sanación remota *o* a distancia *resulta*
sorprendentemente potente y efectiva en las células.

Kwame también se quejaba de la misma fatiga. Sin embargo, a él sí le habían diagnosticado una enfermedad, la diabetes, y tomaba medicación oral para controlarla. Me sumergí en un estado meditativo aún más profundo y me concentré por completo en su páncreas. Las células responsables de la producción de insulina parecían estar dañadas. Una poderosa energía fluyó a través de mi cuerpo y, atravesando más de seis mil kilómetros, llegó hasta Kwame, sin siquiera el apoyo de la conexión telefónica para ayudarnos.

Unos días más tarde, Teresa me llamó para contarme que, la semana anterior, su madre había podido ir a misa en dos ocasiones, y que esperaba que aún se recuperase más. Los niveles de glucosa en sangre de Kwame, a su vez, se habían estabilizado, y también él se encontraba lleno de fuerza y esperanza.

Durante el transcurso de los seis meses siguientes, continué enviando energía sanadora a nivel celular a la familia de Jamaica, una vez cada cinco o seis semanas. Afortunadamente, Muma siguió recuperando vigor, y volvió a poder caminar hasta la iglesia todos los días, como había sido su costumbre. Aún hoy me gusta imaginármela paseando bajo el sol suave de la mañana, envuelta en la dulce fragancia de las flores tropicales.

Finalmente, Kwame también pudo suspender su tratamiento de control de la diabetes.

La célula es la unidad básica de la vida

Las células son los cimientos de la vida física. Estas pequeñas entidades se unen entre sí y forman tejidos. Los tejidos de características similares, por su parte, se agrupan y crean órganos, que dependen, a su vez, de la salud de las células que los componen.

Individualmente, las células son minúsculas; cabrían diez mil en la cabeza de un alfiler. Sin embargo, si tus células estuviesen diseminadas como en el espacio lo están las estrellas, ocuparían un área mil veces mayor que la de la galaxia de Orión. Además, en el interior de cada una de ellas se encuentran alojadas billones de moléculas, compuestas a su vez por billones de átomos. Siguiendo con la imaginería cósmica, al igual que el espacio teóricamente vacío que existe entre las estrellas contiene en realidad cantidades inmensas de energía, el casi insignificante nanoespacio que queda entre los átomos de las moléculas es hogar de una enorme cantidad de potencial de carácter creador. En el microcosmos que supone la composición interna de tus células, la energía y la materia interactúan en fracciones de tiempo ultrarrápidas, esto es, en nano o picosegundos. Al manejar lapsos de tiempo de esta categoría (10^{-9} o 10^{-12} segundos), debemos tener en cuenta que las células entran en una especie de realidad cuántica, que ya no es lineal ni predecible. Así, la célula se convierte en una conexión entre la realidad ordinaria y la no ordinaria, y en este sentido existen posibilidades que aún no somos siquiera capaces de comenzar a entender, y mucho menos a desarrollar.

Teniendo todo esto en cuenta, resulta un verdadero alivio no tener que ser mentalmente conscientes de todas las operaciones que estas minúsculas partes de nuestro organismo llevan a cabo. Sin embargo, no tener que ocuparnos de su funcionamiento no significa que no podamos influir en él de modo consciente. La investigación tradicional ya ha establecido los efectos perjudiciales del pensamiento negativo, el estrés, y su toxicidad para las células del sistema inmune y el cerebro. La ciencia también comienza a mostrarnos evidencias de cómo nos afecta el pensamiento positivo, así como de los efectos beneficiosos de las prácticas espirituales, como la meditación.[1] De hecho, podemos conseguir notables mejoras en nuestra salud y nuestra felicidad si abrazamos el poder sanador del fluir positivo.[2]

"El alma es un río. El cuerpo es su lecho."

Rumi

Para ser capaz después de activar su potencial intrínseco de renovación y sanación, debes comprender cómo son y cómo funcionan los cinco componentes de las células. Los nombres científicos de estas partes nos dan idea de las increíbles funciones que realizan. Cada una lleva a cabo una misión concreta y crucial, como se muestra en la tabla 3 y en la fotografía de la página 69.

La mayor parte de las células comparten los mismos componentes básicos y tienen funciones biológicas también similares, aunque su aspecto pueda ser radicalmente diferente

---

1. Daniel Goleman, *Destructive Emotions: A Scientific Dialogue with the Dalai Lama* (Nueva York: Bantam, 2004).
2. Daniel Goleman, *Healing Emotions: Conversations with the Dalai Lama on Mindfulness, Emotions, and Health* (Boston, Mass.: Shambhala, 2003); Gene Cohen, *The Mature Mind* (Nueva York: Basic Books, 2005).

PARTE DE LA CÉLULA	ESTRUCTURA	FUNCIÓN
Membrana celular	Envoltura compleja de la célula, que contiene los receptores	Comunicación: ayuda a regular la actividad celular al permitir el paso de materiales específicos hacia el interior o el exterior de la célula, además de mantener su integridad estructural
Nanotubos	Extensiones ultra diminutas de la membrana celular que alcanzan a las células vecinas	Comunicación: transfieren información entre las células por medio de paquetes bioquímicos
Núcleo	Esfera rodeada de una membrana, que se encuentra en el interior de la célula y que contiene el ADN; el manual de instrucciones para el funcionamiento de todo el organismo	Información: preserva los "códigos vitales" y regula la actividad celular produciendo esquemas que se utilizarán en las funciones productivas de la célula
Retículo endoplasmático	Amplias capas de membranas especializadas que hay en el interior de la célula	Acción: es responsable de la producción final de proteínas estructurales y enzimáticas
Mitocondrias	Pequeñas centrales energéticas que existen en las células, que permanecen rodeadas por una doble membrana, y que contienen su propia cadena de ADN, con las enzimas del ciclo de Krebs y las ATPasas	Energía: producen toda la potencia que necesita la célula

Tabla 3

127

si comparamos unas con otras. Una célula animal se puede presentar en forma redonda, cúbica, cilíndrica, alargada o fibrilar, dependiendo de a qué tejido pertenezca y cuál sea su función. Todas ellas poseen, sin embargo, una membrana externa, a la que se encuentran adheridos los receptores moleculares. Estos puntos atrapan las moléculas mensajeras que flotan a su alrededor, como por ejemplo las hormonas, y ayudan a que sean introducidas en el interior de las células y así desencadenen actividades específicas. Éste es uno de los diversos modos por los que las células se mantienen en comunicación con el resto del cuerpo y se adaptan bioquímicamente de acuerdo con los mensajes que reciben.

La elasticidad característica de las membranas de las células animales contribuye a que nuestros cuerpos sean blandos, al menos en comparación, por ejemplo, con las plantas, cuyas membranas celulares cuentan con muros de refuerzo rígidos formados por una sustancia denominada celulosa. Los árboles no podrían mantenerse erguidos si sus células tuviesen membranas flexibles como las nuestras. Sólo las células vegetales cuentan con esos muros protectores en sus membranas. En los animales, por su parte, la membrana celular puede enviar minúsculas y frágiles conexiones a otras células colindantes. A estas estructuras se las denomina nanotubos, de modo muy apropiado. Valiéndose de este sistema de comunicación, se envían mensajes moleculares a las células vecinas, que a su vez, establecen otros nanopuentes con las células adyacentes. Podemos considerar que nuestro cuerpo está formado por ciudadanos de un universo que se interconectan y vibran, y que de ningún modo constituyen 10.000 billones de islas celulares separadas unas de otras.

En el interior de la célula habita todo un cosmos de complejidad y belleza sumergido en el medio acuoso que es la savia celular: el citoplasma. Más del 90% del citoplasma está formado por agua. Sólo podemos hacer especulaciones sobre el modo en que nuestros pensamientos afectan a esta agua intracelular, y por tanto a las funciones críticas de la vida del resto de los componentes subcelulares. La revolucionaria obra de Masaru Emoto nos invita a que reflexionemos sobre los mensajes que enviamos a nuestro propio entorno acuoso.[3] Las fibras que flotan en el citoplasma crean un esqueleto interno flexible que proporciona estabilidad a la vez que permite el flujo a través de él.

El núcleo, encerrado en su propia membrana, ocupa una buena porción de la célula. Esta envoltura se encuentra plagada de poros moleculares que pueden ser atravesados para que las órdenes del ADN (ácido desoxirribonucleico) sean traducidas de modo que se inicien los procesos funcionales y productivos necesarios. El ADN, por tanto, conforma el corazón informativo de la célula.

Los mensajes procedentes del núcleo van dirigidos a las "cadenas de ensamblaje" celulares para que éstas produzcan las sustancias específicas que el organismo precisa. Estas cadenas de montaje se encuentran fuera del núcleo, en el citoplasma. Allí, largas capas de membranas plegadas sobre sí mismas conforman el retículo endoplasmático, que realiza la función de "acción" celular. Enormes cantidades de ribosomas giran pegados a la superficie membranosa del retículo endoplasmático. En estos orgánulos, la información del núcleo dirige la acción de unir unos átomos a otros formando moléculas en

---

3. Masaru Emoto, *Mensajes del Agua* (La Liebre de Marzo, 2003).

secuencias precisas, que terminan dando lugar a las proteínas. Cada proteína es única. Unas se convertirán en fibra muscular, otras en una molécula de estrógeno, en una enzima digestiva o en un trozo del tejido que da forma a tu nariz.

El ADN conforma el corazón informativo de la célula.

Las células también pueden exportar productos al torrente sanguíneo para que circulen hasta otra parte del cuerpo, donde serán utilizados a su vez por otras células. Estos productos van envueltos en membranas que forman paquetes, las vesículas, que transportan las sustancias desde el punto en el que se sintetizan hasta la superficie celular, desde donde son excretadas.

Pero ¿de dónde consigue la célula la energía necesaria para realizar todos estos procesos? Una vez digerido el alimento, sus componentes pasan al torrente sanguíneo, y desde allí las células toman lo que precisan para que sus centrales de producción se pongan en marcha. Cientos de minúsculas dinamos de forma elipsoidal, las mitocondrias, pueblan todas y cada una de nuestras células y funcionan igual que plantas de producción de energía. Dentro de cada mitocondria existen magníficos complejos de cadenas enzimáticas interconectadas, que llevan a cabo el denominado ciclo de Krebs, cuya función es la glicolisis, es decir, el metabolismo de la glucosa, uno de los productos finales de la digestión del que obtenemos la energía. Al romper las uniones entre los átomos de carbono que estructuran la glucosa, se libera energía, que se almacenará en el interior de la célula para usos futuros. Esta tan importante energía no se deja por supuesto fluir alegremente y sin control, sino que es inmediatamente captada por otro tipo de enzimas, las ATPasas, que cuelgan de la membrana interna de las mitocondrias, como un murciélago en una cueva. Almacenada de forma segura, la energía permanece a disposición de la célula para que ésta realice sus funciones térmicas, de reparación estructural y de síntesis.

Curiosamente, la enzima ATPasa, que captura y libera la energía celular, gira a medida que trabaja. Por tanto, la espiral que conforma el universo se reproduce en el interior de cada célula. Los telescopios más impresionantes son capaces de captar galaxias espirales, y los microscopios electrónicos más potentes las encuentran a su vez en el interior de la célula, ocupándose de las funciones que mantienen la vida de todo ser. Los ribosomas, que descansan sobre el retículo endoplasmático, también se organizan en espirales para crear todas las proteínas de las que depende el organismo. Incluso el ADN presenta la forma de una doble hélice, y ahora sabemos que también la enzima responsable del mantenimiento de la energía de todo el cuerpo gira igualmente dentro de las mitocondrias.

Meditación a través del arquetipo de la espiral universal y los conceptos básicos sobre las células

Los siguientes ejercicios de meditación te ayudarán a visualizar las espirales del ADN, y te permitirán profundizar en este arquetipo universal, para conectarte así a la energía de la curación a nivel celular que habita en todo. Permite que estas espirales universales soporten, renueven y den energía a tus células.

PUENTE HACIA LA SANACIÓN

Imagina que puedes alcanzar con la mano una galaxia espiral y agarrarte a una de las cadenas de estrellas que giran en ella.

Introduce esta centelleante estructura en tu cuerpo. Siente cómo las espirales cósmicas se identifican con las que habitan en el interior de tus células. Permite que estas espirales universales soporten, renueven y den energía a los componentes de tus células.

Profundiza aún más, visualiza tus estructuras celulares y medita sobre las siguientes afirmaciones:

Membrana celular: que los límites de cada célula se mantengan perfectamente estables y a la vez permeables, que sean férreos y a un tiempo permitan la comunicación de todo mi cuerpo.

Nanotubos: que la comunicación de mis células sea fácil y precisa, y que todo mi cuerpo se conecte a través de ella.

ADN: que toda la información de mi ADN sea codificada y traducida en rebosante salud.

Retículo endoplasmático: que todos las enzimas y estructuras que me conforman se llenen de salud para el perfecto funcionamiento de mi cuerpo.

Mitocondrias: que la espiral de energía que permite mi vida fluya plenamente, con la cantidad exacta de energía.

7

Puesta en práctica de la curación a nivel celular

Ya sea nuestro propósito afrontar una enfermedad que nos aqueja, o simplemente mantener el estado de buena salud del que ya disfrutamos, el viaje al interior de las células nos abre siempre un camino a la sanación espiritual que influirá irremediablemente en el plano físico de nuestra vida.

Es natural que, a medida que va pasando el tiempo, se nos vayan presentando diversos retos en nuestro camino, como pueden serlo las múltiples heridas corporales, emocionales o espirituales que vayamos sufriendo con los años. Sin embargo, debemos mantenernos alerta, ya que cualquiera de esos hechos, por triviales que nos parezcan, puede producirnos muchos más trastornos de los esperados. Una simple rodilla arañada, en el sentido literal o figurado, siempre puede dejarnos, aunque no lo creamos, una profunda cicatriz. Es entonces cuando debemos darnos cuenta de que necesitamos liberar nuestros bloqueos para superar las limitaciones y "pequeñas muertes" que nos imponen estos sucesos a los que nos enfrentamos en tantas ocasiones. Una vez libres de ellos, el flujo de energía vital nos llena, nos sostiene, nos inspira y nos sana. Surge en nosotros una nueva conciencia del profundo alcance que tiene el flujo sanador. Todo este potencial llega a nuestras células y permite que nos dirijamos a ellas, que son el punto de encuentro donde la energía y la materia se interconectan para crear vida. En esta unión, el baile de energía y materia que se produce equivale al que establecen el espíritu (ya sin ataduras) y la conciencia, para conformar lo que llamamos *realidad física*. Nuestras células y sus exquisitos procesos internos son los que coreografían y ejecutan esta danza.

Las células son el punto de encuentro donde la energía
y la materia se interconectan para crear vida.

Principios que guían la curación a nivel celular

Antes de entrar a plantear aplicaciones específicas de la curación a nivel celular, quiero proporcionarte una serie de pasos que te puedan guiar en el proceso.

1. Presta atención

— Desarrolla un nivel profundo de apreciación de tu cuerpo, tu mente y tu espíritu, al mismo tiempo que exploras la gratitud que has de sentir por cualquier estado de vida y salud que experimentes en ese momento.

– Identifica tus bloqueos y procede a liberarlos lo mejor que puedas.

– Usa imágenes, o tu conciencia cinestésica, para sentir el flujo de energía que se desplaza a través de tu cuerpo, en el grado en el que lo haga en cada momento.

2. Sé consciente de tus reservas

– Trata de reconocer si te estás resistiendo a algún aspecto de tu viaje hacia la sanación. Este paso te permite darte cuenta de si realmente te encuentras libre de bloqueos y listo para emprender el camino.

– Si descubres que sí tienes ciertas reservas hacia algún elemento del proceso, repite la fase de limpieza en las sesiones hasta que notes que la energía fluye en tu organismo. Recuerda que lo más lógico es que la sientas partir desde lo alto de la cabeza, descendiendo por el cuerpo, hasta salir por los pies. Pregúntate de un modo neutral por esta barrera que has encontrado en ti, sin juzgarla y sin juzgarte. Esto te permitirá seguir adelante o buscar ayuda espiritual suplementaria que te libere de dudas no deseadas.

3. Observa tu interior

– Mira dentro de ti y entra en el estado de meditación más estable y profundo que te sea posible alcanzar.

– La primera parte de la sesión debería consistir simplemente en encontrar el camino del silencio, para luego permitir que surja tu sabiduría intuitiva.

– Cuando explores tu interior, intenta identificar las células específicas que son más necesarias en tu proceso de sanación. Envuelve esas células dentro de una imagen que refleje las espirales que manan de la luz de tu alma. Retén este pensamiento el mayor tiempo posible, siempre y cuando te mantengas perfectamente en comunión con el universo.

4. Integra la energía de sanación

– Tras completar la meditación sanadora, descansa unos minutos, con la intención de permitir que la energía curativa que has generado se integre en tu organismo. Dirígete a las células de tu cuerpo diciendo: "Confío en que sigáis sanándoos, y pido a la dimensión espiritual de mi conciencia más profunda que os guíe, os apoye y os dé vida". MODIFICA ESTA ORACIÓN DEL MODO QUE MEJOR SE ADAPTE A TU PERSONA.

Hasta este momento, nos hemos ocupado de cómo está ordenado el organismo de los seres vivos, de cómo fluye y de cómo la aplicación de las diversas modalidades de sanación debe adaptarse siempre a la naturaleza específica de nuestros cuerpos. La elección del tipo de sanación espiritual que utilizaremos, como complemento, por supuesto, a los tratamientos médicos necesarios para tratar nuestra enfermedad, requiere suma atención a las situaciones y necesidades individuales que tengamos.

A continuación te doy unos cuantos ejemplos de contextos específicos en los que la curación a nivel celular ha resultado una influencia muy positiva. Las visualizaciones y meditaciones que los acompañan han demostrado sobradamente su efectividad en cientos de pacientes que han acudido a mi consulta a lo largo de los años, aunque, y permíteme que me

repita una vez más, siempre como complemento a los tratamientos médicos y psicológicos que fuesen necesarios en cada
caso concreto. No pretendo elaborar una lista exhaustiva de
enfermedades o situaciones vitales que pueden resultar aliviadas
si se tratan con curación a nivel celular, sino simplemente ofrecer ejemplos de cómo se puede integrar la información de nuestro cuerpo y nuestras células con las meditaciones sanadoras.

Envejecimiento

¿Existe algún proceso más natural y al mismo tiempo
más temible que el propio envejecimiento? Sólo tenemos que
fijarnos en la enorme industria antiedad que existe, con sus
cosméticos, complementos alimenticios y tratamientos
diseñados exclusivamente con la intención de apaciguar nuestros miedos, o de dar alas a nuestras fantasías. He de reconocer que sospecho que muchos de ellos trabajan más en ese
aspecto que en el de reparar el daño producido por los factores destructivos que contribuyen al progreso del envejecimiento celular, como pueden ser el estrés, la vida sedentaria o
el consumo de alimentos ricos en grasa. Llegados a este punto nos convendría hacernos un par de preguntas: ¿cuáles son
los factores biológicos ligados a este proceso? ¿Cuánta influencia consciente podemos tener a la hora de asegurarnos
una vida larga y de calidad?

Como ya comenté anteriormente, cada tejido específico
tiene un periodo de muerte y regeneración de sus células, que
viene determinado genéticamente. Así, algunas viven tan sólo
un mes, mientras que otras las mantenemos durante toda la

vida. No hemos de olvidar que las células humanas tienen capacidad de regenerarse y de repoblar una zona cuando ésta ha resultado dañada.

Por el contrario, existen ciertos animales acuáticos cuyos organismos están compuestos por un número muy limitado de células, que se forman ya dentro del cascarón del huevo del que nacen y dejan de dividirse por completo una vez han salido de él. Estas criaturas tan simples mueren cuando su escaso número de células se extingue, y por lo tanto sus vidas son cortas y predecibles. Habitan en charcas, en las que nadan enérgicamente batiendo dos rotores ciliados que presentan en la cabeza. De hecho, reciben el nombre de *rotíferos* debido precisamente a su especial modo de locomoción. El principio biológico que aquí pretendo explicar consiste en que las células están programadas para vivir sólo un periodo determinado de tiempo. En el caso de los rotíferos, las causas que precisan su existencia se derivan de un código vital limitado, así como de la no existencia de depredadores o toxinas que puedan agredirlos en sus hábitats naturales, lo cual limita su posibilidad de muerte a una única causa: el mero desgaste celular. El término biológico que se refiere a la muerte fisiológica de las células es la apoptosis.

En los humanos, sin embargo, la situación es más complicada. Vivimos mucho más que los rotíferos y tenemos muchos más sistemas celulares, con sus diferentes periodos de vida cada uno de ellos. Además, los rotíferos son transparentes como el cristal, así que podemos ver sus células directamente a través de nuestros microscopios. En cambio, nuestra piel es opaca, lo cual dificulta observar lo que ocurre en nuestro interior, hecho que podría ayudarnos a comprender qué es lo que produce el proceso natural del envejecimiento. No obstante, sí sabemos que nuestras células tienen un periodo vital limitado. Los glóbulos rojos de nuestra sangre, por ejemplo, presentan una vida media de unos ciento veinte días, y son continuamente reemplazados a razón de tres millones de unidades por segundo. Las moléculas de estas células, cuando han cumplido su ciclo vital, se desintegran y son recuperadas del flujo sanguíneo por el bazo para ser reutilizadas. En realidad, se nos puede considerar como la quintaesencia del reciclaje, ya que desde el principio de nuestras vidas aprovechamos tanto los átomos como las moléculas de nuestro medio interno para crear nuevas células.

De todos modos, si considero el envejecimiento un proceso tan natural, ¿por qué lo incluyo en un ensayo sobre la sanación? Se me ocurren dos razones. La primera es la falta de certeza sobre cuánto tiempo pueden llegar a vivir los seres humanos en condiciones óptimas. Se han recogido datos que indican que miembros de algunas tribus han vivido en condiciones razonablemente buenas, en lo alto del Himalaya, hasta cumplir los ciento veinte años, o tal vez más. La segunda razón se presenta de la mano de las recientes investigaciones que se han venido llevando a cabo con respecto al daño celular y el envejecimiento prematuro, que provocan que nos deterioremos antes de lo que tendríamos teóricamente programado en nuestro código genético. Dado el viaje que compartimos con todas las demás formas de vida del universo, un viaje que nos conduce irremediablemente a la muerte, el objetivo sería alcanzar una longevidad óptima y un buen estado de salud durante toda nuestra existencia.

Para esta práctica sobre la salud celular nos concentraremos en la fábrica de energía de la célula: las mitocondrias. Estas diminutas plantas de producción de forma elipsoidal contienen su propio ADN, aunque sólo sea una pequeña cadena de códigos limitados. Cuando una célula se divide para dar lugar a dos nuevas durante el proceso de regeneración, las mitocondrias también se fraccionan de forma independiente del núcleo, y siguen multiplicándose así hasta repoblar ambas con suficientes centros energéticos como para que puedan mantenerse en funcionamiento. Con el envejecimiento, las cortas cadenas del ADN mitocondrial incurren en ciertos errores o mutaciones. Algunos de estos defectos que se generan dañan de modo significativo la integridad de las órdenes que contenían, hasta que finalmente se bloquea la producción de nuevas mitocondrias. Entonces, las células mueren por falta de energía que las alimente y, como resultado, los tejidos donde se encuentran dejan de funcionar o se deterioran de forma importante. Por ejemplo, la masa muscular pierde tono con la edad, probablemente a causa de este mecanismo. La muerte celular producida por el daño mitocondrial parece ser más importante en el envejecimiento que la causada por otros factores como el estrés, o al menos así lo indican los resultados que se han obtenido en las investigaciones realizadas con ratones.[1]

---

1. G.C. Kujoth y col., *Mitochondrial DNA Mutations, Oxidative Stress, and Apoptosis in Mammalian Aging, Science* 309 (2005): 481-84.

PUENTE HACIA LA SANACIÓN

Aquí te presento una meditación a nivel celular que atrae la vida sana:

1. Limpia tu mente de miedos sobre el envejecimiento. Visualiza el flujo eterno de energía que atraviesa tu organismo, como lo ha hecho desde el principio de la creación.

2. Abraza esa energía con tu cuerpo y tu conciencia, de forma relajada. Visualiza cómo alcanza y estimula todas tus células.

3. Observa la energía de sanación mientras entra en los centros de abastecimiento celulares, las mitocondrias, e incluso más profundamente, hasta las pequeñas cadenas de información del ADN de cada una de ellas.

4. Pide que esa información se mantenga segura frente a cualquier daño.

5. Envía un impulso de energía a tus células, para que refuerce sus preciosos códigos, que les permiten ser plenamente funcionales y mantener su integridad y su capacidad para renovarse.

Artritis

Esta dolencia es el resultado de una inflamación que afecta a las articulaciones, especialmente a los dedos, las muñecas, las rodillas, los tobillos, las caderas y el cuello. Existen dos tipos de artritis. La primera sería la *osteoartritis,* un proceso por el cual el calcio se deposita en las articulaciones, aumentándolas de tamaño y deformándolas; y la segunda, la *artritis reumatoide,* una enfermedad autoinmune en la que las articulaciones se hinchan y duelen continuamente. En ambas, la inflamación parece desplazarse libremente de una parte a otra del cuerpo, causando estragos en cualquier zona a la que afecte. El origen de la artritis aún no nos es totalmente conocida, pero ciertas lesiones, infecciones o la simple predisposición genética son causas que a menudo se invocan para la aparición del trastorno.

Los tipos específicos de células implicadas en la artritis se pueden agrupar en dos categorías: las que producen depósitos de calcio y las que dan lugar a la respuesta inflamatoria. Las meditaciones de sanación para ambos tipos de artritis conllevan trabajar con los dos grupos de células por separado, para evitar los depósitos de calcio en un caso, y la inflamación en el otro. Esta última causa que acabo de citar produce dolor, por lo que sin algún tipo de tratamiento la mayoría de los enfermos artríticos pierde mucha calidad de vida.

PUENTE HACIA LA SANACIÓN

 Aquí te presento un ejercicio indicado para disolver los depósitos de calcio:

1. Los osteoclastos pueden reconocer los acúmulos innecesarios de calcio, al igual que lo hacen con las astillas o las espículas óseas que dañan los tejidos blandos y desencadenan la respuesta inflamatoria. Convoca a los osteoclastos de tu cuerpo a

un imaginario "consejo de dirección" y anuncia en él que su prioridad en esos momentos es localizar esos depósitos y eliminarlos por completo.

2. Confía en el código genético de tus osteoclastos, en que harán que tus articulaciones recuperen su cantidad óptima de tejido óseo y en que el calcio se distribuirá en la forma correcta por tu organismo.

PUENTE HACIA LA SANACIÓN

Ahora te muestro un ejercicio para mejorar la inflamación:

1. Imagina que tu respiración puede alcanzar los puntos dolorosos de tu cuerpo y permanecer en ellos durante mucho tiempo, amortiguando progresivamente el sufrimiento. Visualiza cómo el aire que has llevado a esos lugares recoge de ellos tus molestias, para que puedas eliminarlas al espirar. Repite esta práctica hasta que te sientas capaz de pasar al siguiente punto.

2. Imagina ahora una cascada de agua fresca de la montaña que recorre tu cuerpo, lava tus doloridas articulaciones y arrastra la inflamación hasta que sale por la planta de tus pies. Visualiza las células responsables de las señales inflamatorias reduciendo su velocidad hasta volver a su patrón normal de reposo. Concéntrate en que permanezcan en ese estado hasta que realmente se las necesite para luchar contra alguna enfermedad específica.

Imagina una cascada de agua fresca de la montaña que recorre tu cuerpo, lava tus doloridas articulaciones y arrastra la inflamación hasta que sale por la planta de tus pies.

Autismo

El autismo es una de las enfermedades que más preocupan a la sociedad, ya que cada vez es mayor el número de niños que se ven afectados por ella. Su causa aún nos es desconocida, pero el complejo cúmulo de discapacidades que la dolencia conlleva normalmente da sus primeros signos desde muy temprano, durante los tres primeros años de vida. Las cifras actuales nos indican que uno de cada doscientos cincuenta niños nace con algún trastorno encuadrado dentro del espectro autista. Esta disfunción neurológica da como resultado una incapacidad para el lenguaje, y por tanto afecta a la conexión y comunicación de los enfermos con su entorno. A pesar de que el 70% de los niños autistas obtienen resultados en los tests de inteligencia que parecerían indicar que tuvieran un coeficiente muy por debajo de lo normal, es difícil precisar si estas pruebas reflejan adecuadamente sus funciones cognitivas. Algunos de estos niños, de hecho, son increíblemente brillantes en parcelas altamente especializadas de sus capacidades.

Cuando en estos pacientes se va a realizar algún tipo de sanación, lo normal es que los padres y cuidadores intervengan en un principio en representación del niño, debido a su corta edad y a sus dificultades de comunicación.

En mi limitado aunque inusualmente satisfactorio trabajo con tres niños autistas, dos cuestiones generales se han
repetido en todos los casos. Dos de mis pequeños pacientes
contaban sólo cinco años; a uno lo conocí en persona, y al
otro, Terry, no. Con el tercero tampoco tuve contacto directo; tenía tres años y vivía en el Medio Oeste.

Mi relación con Terry comenzó cuando su padre me
llamó desde Ohio para preguntarme si creía que podía ayudar
a su hijo. Empecé a ocuparme del niño en mis meditaciones
matinales para tratar de adivinar si el pequeño sería capaz de
responder al tratamiento, y si yo lo sería de hacerle progresar.
En aquel momento, hace ya dos años, Terry carecía de toda
conexión con el exterior. Permanecía totalmente encerrado
en su mundo, en el que vivía inmerso en una tremenda fasci-
nación por los automóviles.

Durante dos años practiqué mis sesiones de sanación a
distancia con el niño. Llamaba a sus padres a la hora conveni-
da, y trabajaba con Terry durante una hora. Afortunadamente,
hoy en día el chico se comunica, se ríe, va al colegio, y hasta
disfruta de sus fiestas de cumpleaños. Aunque no se ha recuperado por completo, sí ha conseguido salir en gran medida
de ese estado de retraimiento en el que se encontraba antes.
Un momento especialmente memorable de una de nuestras
sesiones fue cuando Terry finalmente llegó a hablar conmigo
por teléfono.

Cuando meditaba sobre estos tres niños, cada uno de
ellos en momentos diferentes, sentía como si estuviese se-
cuencialmente conectada a su percepción del mundo. Cuando
alcanzaba ese estado mental, era capaz de percibir la confusión y la angustia de los pequeños. Se sentían sobrecogidos

por los estímulos que recibían, como si cientos de televisores atronasen todos a la vez con el sonido de multitud de canales que los bombardeaban con sus mensajes. Parecía que todo aquel ruido, asociado al desconcierto que de por sí ya experimentaban, los asustaba y los empujaba a esconderse en el lugar más tranquilo que encontraban, su propio interior. Sentí que necesitaban "puertas" para controlar los distintos niveles de estímulos que recibían. La primera fase de mi trabajo consistiría, por tanto, en crear un espacio seguro para los niños "mostrándoles", a través del uso de mi propia mente, cómo levantar esas barreras.

Mucho después, cuando sus padres me dijeron que los encontraban más relajados, más comunicativos y estables emocionalmente, comencé a enseñarles cómo centrarse en un solo "canal" cada vez. Mi esperanza era que aprendiesen a limitar la cacofonía que invadía sus mentes. El paso final consistió, por supuesto, en invitarlos a explorar el mundo más allá del refugio de paz que habíamos aislado por medio de nuestras "puertas".

PUENTE HACIA LA SANACIÓN

Este ejercicio va dirigido a padres de niños con autismo. Seréis vosotros quienes marquéis la frecuencia con la que llevaréis a cabo este trabajo con vuestros hijos. Inicialmente sugiero hacerlo dos veces por semana. Al principio es posible que sólo seáis capaces de percibir ligeros cambios en ellos. El primer paso evidente que dio Terry fue una enorme pataleta que, sin embargo, llenó de alegría a sus padres. Había conseguido por fin exteriorizar sus contenidas emociones.

1. Sin tratar de cambiar la conducta que muestre tu hijo en ese momento (incluso si está durmiendo), y sin invadir su espacio físico, conecta a nivel espiritual con su corazón. Entra en un estado de meditación, imagina a tu pequeño y siente la unión que existe entre vosotros. No necesitas ni siquiera estar físicamente cerca de él, ya que vuestro nexo espiritual no depende de la proximidad espacial.

2. Imagínate a ti mismo en el lugar más seguro que seas capaz de crear, y permanece en él hasta que te sientas en paz y protegido. Después, envía estos pensamientos de seguridad y compañía a tu hijo, ofreciéndole la certeza de que él también se encontrará a salvo en el mundo. Asegúrale que le acompañarás y protegerás en su camino, en todo momento y de todos los modos que te sea posible.

3. En tu visualización, muéstrale cómo te concentras en una sola cosa a la vez, bloqueando de forma efectiva la miríada de estímulos que recibes simultáneamente. Imagina que te acercas a un televisor y seleccionas una cadena, o que miras diez libros de una estantería y eliges sólo uno. Envíale esta imagen utilizando tu mente, sin palabras.

Cáncer

Las células cancerosas forman parte de tu cuerpo. En algún momento, funcionaron perfectamente como componentes normales de tu mama, tus pulmones, tu páncreas, tu próstata, tu piel o cualquier otro de tus tejidos. Toda célula cuenta con su propio reloj biológico que controla su periodo individual de reparación, replicación y muerte. Por ejemplo, las de la piel viven alrededor de treinta días, los glóbulos rojos, unos cuatro meses y las células nerviosas, décadas o incluso toda la vida. Por razones desconocidas en su mayor parte, una de esas células perteneciente a cualquier tejido del organismo puede espontáneamente comenzar a dividirse de forma demasiado rápida y aleatoria, dando lugar a un tumor.

Una célula perteneciente a cualquier tejido del organismo puede espontáneamente comenzar a dividirse de forma demasiado rápida y aleatoria, dando lugar a un tumor.

La enzima llamada *p53* cumple un papel crucial a la hora de concertar el "calendario" de la división de las células normales. Si una de ellas se vuelve loca y no se adecúa a este patrón, la p53 se ajusta a su ADN y vuelve a regularla. Si este mecanismo no funciona, simplemente la célula muere. En el caso del cáncer, podemos decir que los tumores carecen de enzimas p53. Además, estas células pierden algunas de las características distintivas de su tejido de origen; se desdiferencian y toman una estructura extrañamente embrionaria. No obstante, mantienen los suficientes rasgos definitorios del tejido específico del que se han formado como para poder ser reconocidas por un anatomopatólogo. Así, cuando un cáncer se reproduce en otra localización, la situación del tumor primario generalmente puede identificarse estudiando las características de las células metastásicas.

Las meditaciones sanadoras para el cáncer se derivan de dos realidades: (1) las células cancerosas han perdido su equilibrio con el resto del organismo y (2) carecen de una enzima reguladora crucial.

PUENTE HACIA LA SANACIÓN

Este ejercicio reafirma el equilibrio celular:

1. Dirígete a las partes renegadas de ti mismo, abrázalas con la energía de tu corazón, tus emociones y tu visión interna.
2. Envíales a ellas tus pensamientos conscientes. Pídeles que se reciclen (es decir, que mueran) por el supremo bien del organismo, o que comiencen a dividirse de forma adecuada a su tipo de tejido. Dile a todas tus células cancerosas: "Reciclaos. Necesito vuestras moléculas para continuar con vida".
3. Cada vez que tomes aire repite mentalmente la palabra "equilibrio" y cuando lo sueltes, di "armonía". Envía este mensaje en diez ciclos a todas tus células, tanto cancerosas como sanas.
4. Los códigos genéticos del ADN de tus células aún conservan la información necesaria para sintetizar la p53 que regula el periodo de crecimiento propio

de cada tejido. Visualiza una onda de energía que se mueve desde la parte superior de tu cabeza, a través de tu cuerpo. Estimula nuevamente la producción de p53 en cada una de tus células. Pide a tus enzimas que trabajen de forma efectiva y adecuada, en su rol particular de mantener la salud en todos los tejidos y órganos.

5. Pide a los nanotubos que creen una red entre todas las células de tu cuerpo, para que las sanas transmitan a las enfermas paquetes con la información necesaria para la síntesis de la p53.

El cáncer es una enfermedad muy compleja, y este método que te presento de utilizar meditaciones de sanación para el equilibrio celular y el restablecimiento de las enzimas reguladoras ha de adaptarse siempre a cada caso particular, con sus circunstancias y su personalidad propias. Los siguientes casos ilustran diferentes modos de trabajar con los principios básicos que he descrito anteriormente.

Cindy se encontraba en plena forma; era profesora universitaria, viajaba por todo el mundo y lograba el éxito en todo lo que se proponía. Por desgracia, un día se descubrió un bulto en el pecho izquierdo. No sabía si había crecido hasta alcanzar aquel tamaño de la noche a la mañana, o si es que ella había desoído las señales de su cuerpo por encontrarse demasiado preocupada con el programa de intercambio internacional que tenía a su cargo, y con la participación en él de sus estudiantes. Las primeras exploraciones que le fueron practicadas confirmaron que efectivamente tenía un tumor del tamaño de la yema de un huevo en el cuadrante superior izquierdo de la mama. Al enterarse, uno de sus colegas que conocía mi trabajo animó a la chica a que pidiese cita conmigo antes de que le hicieran la biopsia.

Sólo tuvimos tiempo para una sesión antes de la intervención. En ella hablamos de cómo devolver el equilibrio y la armonía a su cuerpo. Además, pedimos a sus células cancerosas que se reciclaran, se disolvieran y se agruparan en un lugar donde al cirujano le resultase fácil eliminarlas. Finalmente, el día de la biopsia llegó, y Cindy se encontraba relajada y bien preparada para afrontarla. Valiéndose para tranquilizarse de las herramientas de meditación y visualización recién aprendidas, consiguió manejar el procedimiento de forma sencilla.

El cirujano se sorprendió cuando revisó la ecografía inicial de la chica. El tumor que acababa de intervenir tenía el tamaño de un guisante, mucho más pequeño que el que se había visto previamente. Sus bordes eran nítidos y no había nada que indicase que la enfermedad se hubiese extendido más allá de aquella bolita que le había extirpado durante la biopsia. La única conclusión a la que el médico pudo llegar fue que la prueba ultrasónica estaba equivocada. Cindy, su familia y yo celebramos su excelente pronóstico, y dejamos la sorpresa y la confusión sobre el tamaño original del tumor en la consulta del doctor, junto con su historial clínico. Lo que nos importaba era su salud, no tratar de demostrar que la sanación espiritual es capaz de hacer que masas del tamaño de una yema de huevo se reduzcan hasta el de un guisante.

. . .

Ana me llamó desesperada. Acababa de volver del hospital y se encontraba postrada en la cama, dolorida y totalmente exhausta, cuando normalmente ella era una mujer dinámica y con una energía inagotable. Le acababan de diagnosticar un cáncer de ovario que parecía ser sólo parcialmente extirpable. Tenía una variedad de tumor sorprendentemente agresiva que se había extendido a toda el área abdominal y adherido al epiplón (una membrana de gran tamaño que cubre los intestinos). Además, habían comenzado a crecer metástasis en el hígado y en el bazo.

No se encontraba con fuerzas para acercarse a mi consulta, así que acordamos una hora apropiada para llamarla a casa. Tumbada en un sofá, pálida pero absolutamente decidida a sobrevivir a la enfermedad, Ana estaba lista para aceptar cualquier información o ayuda que yo le pudiese proporcionar. Nuestra primera sesión se limitó a sugerirle que realizara respiraciones para controlar el dolor, aliviarlo y expulsarlo al exterior de su cuerpo. También la animé a tomar analgésicos para que pudiese dormir, y así permitir que su organismo se recuperase de la cirugía. ¡La gente fuerte que además se dedica a profesiones relacionadas con la salud, como era su caso, son normalmente los pacientes más difíciles!

Las imágenes de relajación que utilizamos favorecieron mucho a Ana durante la siguiente semana, hasta nuestra segunda cita. Ella ya quería comenzar a practicar meditaciones de sanación y me pidió información al respecto. Hablamos del equilibrio y la armonía de su cuerpo y de potenciar la síntesis de la enzima p53 en cada una de sus células. Se dedicó con ahínco a estas prácticas y me llamó en varias ocasiones para perfeccionar sus ejercicios y adaptarlos específicamente a su caso. Las imágenes son una poderosa herramienta cuando son sencillas y tienen un significado a nivel personal. Afortunadamente, Ana pudo acudir a mi consulta para sus siguientes sesiones. Había recuperado gran parte de la energía perdida, se mostraba llena de valor y sus preguntas seguían siendo tan agudas como siempre. Llevaba a la cabeza un pañuelo de brillantes colores porque ya había ido perdiendo el pelo a causa de la quimioterapia. Esto indicaba claramente que tanto las células cancerosas como las sanas estaban asimilando los potentes fármacos que le habían sido administrados. Seguimos trabajando; mientras ella continuaba con su medicación, tanto intravenosa como oral, nosotras íbamos reajustando su equilibrio y armonía y realizando visualizaciones para potenciar la síntesis de p53.

Los marcadores tumorales de Ana demostraron en las siguientes analíticas que no existía actividad cancerosa de ningún tipo, y su médico opina que logrará recuperarse por completo.

. . .

He visto muchos pacientes aquejados de esta enfermedad a lo largo de los años. Algunos no sobrevivieron a ella, mientras que otros encontraron en la combinación de meditación y medicina una ayuda muy valiosa, y continuaron sus prácticas espirituales mucho después de haber recuperado la salud, ya sin rastro alguno de cáncer. Unos cuantos decidieron, junto con su médico alternativo, rechazar la quimioterapia y explorar técnicas como la acupuntura, la herbología, los suplementos alimenticios y la sanación espiritual, pero muy pocos de ellos experimentaron recuperaciones totales o siquiera significativas. Hemos de reconocer que una curación absoluta sin intervención facultativa es muy poco frecuente. Cuando los pacientes combinan las terapias espiritual y médica los resultados son mucho mejores y más fiables.

Cuando los pacientes combinan las terapias espiritual y médica los resultados son mucho mejores y más fiables.

Diabetes

En el interior del páncreas –un órgano de forma elíptica que se encuentra perfectamente encajado tras el estómago, por encima de los riñones y delante de la columna–, miles de células fabrican en serie enzimas digestivas. Una de sus partes, de pequeño tamaño pero de enorme importancia funcional, contiene las células productoras de insulina. Éstas reciben la denominación de *islotes de Langerhans,* en honor a su descubridor. Como digo, están llenas de insulina, hormona que liberan en el torrente sanguíneo cuando es necesario, dependiendo de los requerimientos energéticos del organismo. Entre otros importantes cometidos, este producto pancreático regula el metabolismo de la glucosa, uno de los azúcares simples. Cuando la dieta contiene un exceso de alimentos ricos en azúcar y grasa, la necesidad de insulina es alta, y las células que la fabrican pueden agotarse al intentar cubrir semejante demanda. Con el tiempo, termina llegando un momento en el que el cuerpo ya no puede responder y se produce el denominado *síndrome de resistencia a la insulina,* situación que se considera como precursora de la diabetes. Un páncreas agotado sólo es

capaz de producir, en el mejor de los casos, una pequeña cantidad de la hormona, si es que no ha perdido ya por completo la capacidad de hacerlo. Al alcanzar este punto, se pueden sufrir importantes efectos secundarios como problemas circulatorios, ceguera o *shock*, que incluso conducen a la muerte en los casos más graves. Aunque la obesidad y la falta de ejercicio son factores de riesgo para desarrollar diabetes, su causa última aún nos es desconocida. No obstante, recientemente los científicos han comenzado a postular que se podría tratar de una enfermedad mitocondrial.[2]

Las meditaciones de sanación, un estilo de vida saludable, el ejercicio suave y la reducción del estrés han demostrado ser hábitos de gran ayuda para muchos diabéticos. Sin embargo, no se pueden considerar sustitutos del tratamiento médico, sino más bien un apoyo complementario.

De acuerdo con las enseñanzas espirituales tradicionales, el *plexo solar,* localizado aproximadamente a la altura de la boca del estómago, es el lugar donde reside el poder personal. Esta región se relaciona con un color dorado etéreo, que representa al sol. Combinando estas ideas e imágenes con la información biológica sobre el páncreas que te acabo de proporcionar, y a través de las meditaciones que más adelante te presentaré, podrás llegar a estabilizar tus niveles de insulina en la sangre y así mejorar tu salud. Como siempre, puedes adaptar este ejercicio a tu caso particular como mejor te parezca.

De acuerdo con las enseñanzas espirituales tradicionales, el *plexo solar,* localizado aproximadamente a la altura de la boca del estómago, es el lugar donde reside el poder personal.

---

2. Frederick H. Wilson y col., "A cluster of Metabolic Defects Caused by Mutation in a Mitochondrial RNA", *Science*, 306 (2004): 1190-94.

PUENTE HACIA LA SANACIÓN

1. Imagina tu plexo solar como un astro radiante. Haz que tu respiración penetre hasta alcanzar la parte central de tu cuerpo. Llena esta zona de tu organismo con un pensamiento de salud, dorado y cálido.

2. Invoca tu poder personal desde tu lugar particular en el mundo. Visualízate de pie allí, inundado de luz dorada que emana en espiral desde el centro de tu ser y rodea tu cuerpo. Haz que el alcance de su áureo brillo cale en ti, y en la conciencia que tienes de tus células pancreáticas.

3. Llama a las células beta de tus islotes de Langerhans, que fabrican la insulina, o al menos lo intentan. Anímalas, envíales el apoyo de tu poder personal. Observa cómo se bañan en la luz dorada y su calor.

4. Imagina que puedes viajar incluso a más profundidad; envía tu conciencia hacia las mitocondrias de las células productoras de insulina. Inúndalas con la luminosidad de tu sol. Atrae tu conciencia de renovación, con apoyo y energía renovada, hacia las enzimas agotadas. Estimula las mitocondrias para que capten tu potencia espiritual y la integren en la tarea de producir energía física para el cuerpo.

Cuestiones emocionales

Existen muchos tipos de problemas emocionales que pueden afectarnos, así como una amplia variedad de intervenciones terapéuticas de las que echar mano para resolverlos. En esta sección, voy a hacer una categorización general de esos traumas según su nivel de gravedad y sugerir para cada uno de ellos un sistema de sanación apropiado. No olvidemos que el apoyo espiritual siempre puede combinarse con otras intervenciones de sanación.

El apoyo espiritual siempre puede combinarse con otras intervenciones de sanación.

Trauma emocional grave

En casos de traumas emocionales graves, los tratamientos médico y psicológico resultan cruciales. De este modo, y en conjunción siempre con la terapia impuesta por un facultativo experto en la materia, el apoyo espiritual a través de la iglesia, la fe, o la práctica de la meditación o de la sanación por la que abogo aquí, pueden ayudar también al proceso de recuperación. Debemos tener en cuenta que en estos casos, como hemos visto en capítulos anteriores, ciertas células del cerebro, o incluso partes enteras de él, pueden verse afectadas y llegar a bloquearse.

Serenarse a través de respiraciones meditativas profundas contribuye siempre a limpiar la mente. Ello te permitirá reconocer el problema que te aflige y recurrir a la ayuda profesional que necesitas. Si en tu caso la situación que provocó el trauma se produjo en un pasado muy lejano pero aún continúa afectándote tras una intervención terapéutica exhaustiva, sería buena idea que contactases con un sanador o maestro espiritual, o incluso con un sacerdote de tu confianza, para que te ayude de forma personal y directa.

Desórdenes emocionales moderados

Este tipo de trastornos a menudo desestabilizan el equilibrio de nuestro ser interior, y nos apartan de nuestro centro de un modo que puede ser percibido incluso en el cuerpo físico. Las siguientes meditaciones pueden resultar útiles si un suceso o relación concretos son los que nos producen este desorden emocional. La que aquí se propone te ayudará a recobrar tu armonía interior, tanto racional como bioquímica. Logrará a su vez que las situaciones (o las personas) que te inquietan se vuelvan menos abrumadoras. Las células de tu cuerpo comenzarán a recibir mensajes que les indican que el equilibrio se ha restablecido y las hormonas relacionadas con el estado de alerta volverán a su situación normal.

PUENTE HACIA LA SANACIÓN

Aquí te presento un ejercicio para tratar los problemas emocionales:

1. Visualiza cómo recobras el centro de tu ser, cómo regresas a tu espacio interior de calma y protección, donde entras en contacto con tu fuente espiritual.

2. Una vez asentado este pensamiento, colócate en consonancia con la imagen de un lugar personal

que te evoque seguridad, como un jardín o una pradera protegidos por una puerta o un muro. También puede resultarte reconfortante visualizar tus ángeles de la guarda.

3. Desde ese lugar seguro, imagina a la persona o la situación que te preocupa. Visualiza espirales de luz blanca a su alrededor que le traen bendición, armonía y decisión. No pretendas un resultado concreto, sino que, con confianza, coloca al suceso o a la persona en las manos del Divino Creador, el Poder Supremo, Dios o lo que tú sientas como el Ser o la Fuerza Esencial.

4. Mantén la visualización hasta que percibas que tu tensión emocional disminuye, que te relajas y alcanzas un estado de menor agitación mental, de menor miedo. Continúa profundizando en ese sentimiento de alivio, y, valiéndote de las imágenes asociadas, intenta tocar con él a cada célula de tu cuerpo.

5. Tus células recobrarán de esta forma su estado fisiológico y ya no se verán desbordadas por la tensión. La parte encargada de la actividad celular, el retículo endoplasmático, dejará de producir hormonas relacionadas con la lucha o la huida. El sistema de comunicación intercelular también pasará del modo de alerta al normal.

6. Cuando sientas que el ejercicio se ha completado, imagínate a ti mismo solo de nuevo en tu espacio interior especial. Rodéate de las brillantes espirales de luz una vez más. Acepta de forma activa la

bendición y la renovación que te traen. Finalmente, apártate conscientemente de tu "lugar seguro", recordando en todo momento que puedes volver a él siempre que lo necesites.

Shocks emocionales cotidianos

El simple hecho de ver los informativos nos puede resultar una experiencia emocionalmente desequilibrante. ¿Cómo se puede manejar el goteo de imágenes e información que nos conectan con los traumas que sufre el mundo entero sin padecer por ello?

PUENTE HACIA LA SANACIÓN

Yo utilizo el sencillo ejercicio que se describe a continuación para hacer frente a los frecuentes retos que se nos plantean día a día.

1. La primera parte de la práctica nos hace ser conscientes de cuándo y cuánto nos perturba una imagen o una información.

2. Si lo analizas en profundidad, te darás cuenta de que asumes que puedes ayudar de alguna manera, aunque sea pequeña, a mejorar la situación que te preocupa. De lo contrario, no te afectaría.

3. Céntrate y rodéate de espirales de luz. Manda entonces la bendición de tu energía a la zona del mundo que sufre el problema que te ha perturbado. Además, si existe algo tangible que puedas hacer, hazlo.

Muchos de los problemas que afectan al mundo son tan grandes que a nosotros, como individuos, nos hacen sentir muy pequeños. Sin embargo, podemos confiar en que el pensamiento positivo y la luz de la energía ayudarán a contrarrestar toda esa negatividad que nos rodea. Nuestras células entran en modo de estrés cuando estamos preocupados, lo cual, a largo plazo, daña nuestra salud. Nuestra química interna cambia, inundando las células y el cuerpo entero con sustancias bioquímicas que nos preparan para luchar o huir de un peligro potencial. Las repetidas respuestas de estrés de este tipo que vamos acumulando acaban por agotar a nuestro organismo y afectar a nuestra salud. En lugar de gastar energía en hipótesis inútiles y preocupaciones vanas, es mejor que nos concentremos en enviar amor, energía positiva de sanación, resolución y paz a quienes lo precisen. Órdenes específicas como: "Esposo, ¡llámame desde la autopista!" o "Hijo, si no haces los deberes ¡vas a suspender!" no son en absoluto recomendables. Este tipo de comunicaciones verbales pertenecen al mundo práctico del discurso directo, y no podemos esperar que algo tan concreto se realice.

Nuestras células entran en modo de estrés cuando estamos preocupados, lo cual, a largo plazo, daña nuestra salud.

Situaciones de duelo

El proceso del duelo tras la pérdida de un ser querido comienza con la total aceptación de nuestros sentimientos y del estado en el que nos encontramos. Es posible que sientas que, sin saber la razón, necesitas descansar más, pasear, estar con gente o en soledad. Debes darte cuenta de que cada día será diferente. Cuando te sientas con fuerzas, busca a personas cercanas que hayan pasado anteriormente por un proceso similar al tuyo y habla con ellas para que puedan guiarte en tus emociones. Pero cuando los tópicos superficiales a los que recurra la gente para consolarte te hagan daño, libérate de ellos tan pronto como te sea posible. Ábrete a recibir el apoyo de tu fuente espiritual a través de la oración, la meditación y el silencio. Prepárate también para la posibilidad de que la conciencia de tu ser querido se te aparezca en un sueño, o incluso en una visión estando despierto. Permite que estas "visitas" te reconforten, sin juzgarlas ni aferrarte a ellas. Si no se producen, también a este respecto puedes recurrir a las historias que han vivido otras personas, como las que aparecen en el libro *Reencuentros,* de Ray Moody.[3]

Una historia personal

Mi madre murió cuando yo tenía veinticinco años. Nos dejó de forma repentina, inesperada y devastadora. Yo, en aquella época, estaba en la escuela universitaria de graduados y no esperaba en absoluto tener que enfrentarme a semejante pérdida. Cada noche, durante meses, me despertaba llorando en sueños. No era capaz de encontrar consuelo en ninguna parte. La gente me decía que tenía que ser valiente, superarlo y seguir con mi vida. Aprendí a poner buena cara y a esconder mis sentimientos de tristeza y profunda pérdida bajo la superficie, muy profundamente. Dos años después, en

---

3. Raymond Moody y Paula Perry, *Reencuentros: Contactos con los seres queridos tras su muerte* (Madrid, Ediciones Edaf, 1994).

ocasiones aún soñaba con ella y me despertaba llorando, así que busqué ayuda. Comencé a hacer terapia, lo que me supuso un alivio increíble. Pronto empecé a sentirme de nuevo relajada, más libre, y pude volver a concentrarme en mi trabajo y en alcanzar una vida feliz.

Tras el nacimiento de mi hija, durante esas largas noches que pasaba meciendo a la recién nacida cuando estaba nerviosa, viví una extraña experiencia, especialmente para una científica tan racional como yo era entonces (aún no se había manifestado mi vocación de sanadora). Sentí cómo el espíritu de mi madre colocaba sus brazos rodeándonos a mí y a la niña mientras yo estaba sentada con ella en la mecedora. Se quedó con nosotras hasta que mi hija se durmió. Sé que era mi madre porque su energía, su dulce contacto, me resultan inconfundibles. Nunca imaginé que algo así podía ocurrir, pero lo cierto es que me sucedió a mí, y no una sola vez. Mi madre se nos aparece en espíritu en muchas ocasiones. Nunca he sido capaz de forzar esta experiencia, ningún pensamiento particular ni deseo la atrae hacia nosotras, pero cuando nos visita, reconozco su presencia al instante.

. . .

Cuando estás de duelo, mucho después de que los paños calientes con los que al principio te arropa la gente se hayan enfriado, y mucho después de que un terapeuta experto y bien entrenado te haya guiado a través de las intensas emociones que experimentes, aún puede llegar el consuelo. Una visita inesperada, una bendición espiritual o una visión pueden venir a ti con inefable gracia e inamovible fe. Todas las células de tu cuerpo responderán, culminando en 10.000 billones de suspiros de excepcional paz.

Medicación

La mayor parte de nosotros, en algún momento inesperado y desagradable de nuestras vidas, nos vemos obligados a recurrir al uso de medicamentos que preferiríamos no tener que tomar, para superar algún tipo de enfermedad que se nos declare. Desde un fuerte antiinflamatorio para una fascitis plantar hasta la prednisona que se usa para las picaduras de abeja, o la quimioterapia para el cáncer, el arsenal de potentes fármacos desarrollado por la ciencia moderna puede sernos de gran ayuda cuando nos ponemos enfermos. El momento de reconocer que se ha de recurrir a este tipo de agentes químicos constituye un auténtico reto en algunos casos, especialmente para aquellos que ingerimos alimentos orgánicos, bebemos agua libre de contaminantes y preferimos recurrir a medicinas homeopáticas, como es mi caso.

En estas ocasiones, a veces sentimos que nuestros aliados espirituales, o incluso Dios, nos han fallado. Peor que un recordatorio de la enfermedad, para mucha gente, el momento de tomar la medicación se convierte en una circunstancia de ira y resentimiento. El caso de Evelyn es un buen ejemplo.

. . .

Evelyn había gozado de una excelente salud durante toda su vida. ¡Una salud increíble! ¿Cómo era posible que le hubieran diagnosticado un cáncer de ovario cuando se encontraba perfectamente, tenía un aspecto magnífico y estaba en un momento tan maravilloso de su vida, en compañía, viajando y gozando de la tranquilidad de la jubilación? La confusión en la que se encontraba inmersa hacía que se negara a aceptar aquel diagnóstico tan penoso. Sólo cuando la cirugía reveló masas tumorales metastásicas inoperables en diferentes zonas de su abdomen y huesos, comenzó a creer las palabras del doctor. Debía someterse a quimioterapia, pero esto también le supuso un conflicto inconmensurable; de hecho, estuvo a punto de rechazarla. En realidad, cuando me pidieron que fuese a verla al hospital, se estaba despertando de la anestesia tras la intervención quirúrgica y se encontraba precisamente a punto de tomar la importante decisión de si someterse o no al tratamiento citostático.

¿Cómo es posible que lleguemos incluso a considerar las mejores terapias como principios agresivos y perjudiciales para nuestro organismo? Desde luego, es comprensible que nos influyan las terribles historias sobre errores diagnósticos, medicinas con efectos secundarios nocivos o tratamientos intravenosos mal administrados que circulan continuamente por todas partes. Hemos de darnos cuenta de que estos errores siempre adquieren mucha relevancia, mientras que los miles de tratamientos que alivian el sufrimiento de tanta y tanta gente nunca se mencionan. No obstante, es evidente que debemos siempre informarnos sobre cualquier terapia a la que nos vayamos a someter, cuestionarla y tomar precauciones.

Evelyn ya había hecho los "deberes" en lo concerniente a su cáncer en muchos otros aspectos que también le habían resultado de lo más preocupantes. Sin embargo, llegado el momento de enfrentarse a la quimioterapia (algo en principio menos traumático de lo que podía haberlo sido su intervención), le angustiaba sobremanera someterse tanto a los citostáticos como al resto de las medicinas que necesitaría tomar para no sentirse tan molesta y prevenir las náuseas propias del proceso. Nuestra discusión se centró en las horribles historias que se habían aferrado a su mente y le producían un gran temor. Una de las creencias más frecuentes entre los partidarios de la medicina biológica es que cualquier medicación, y en particular la quimioterapia, daña el sistema inmune e impide la curación del cuerpo. Evelyn y yo abordamos sus opciones, trazamos un plan racional, y después nos lanzamos intensamente al trabajo. Esto proporcionó a la paciente nuevas herramientas para hacer que se sintiese más segura, y llena de esperanza en la eficacia de la terapia. Su tratamiento tuvo éxito y en la actualidad su cáncer se encuentra en remisión.

. . .

Si estás enfermo y tu médico te receta algún fármaco, puedes seguir los pasos que a continuación te detallo para aceptar mejor la situación que estás viviendo, o adaptarlos a tu caso personal como te resulten más cómodos:

1. Asegúrate de tener la mejor información posible en cuestiones médicas. Pide una segunda opinión y cuando creas que cuentas con todos los datos que necesitas, pasa al siguiente punto.
2. Enfréntate a cualquier procedimiento o terapia con confianza y tranquilidad, ya que has tomado por ti

mismo la mejor decisión posible en tus actuales circunstancias.

3. Frena las opiniones encontradas que surjan dentro de ti, como si reunieses a dos o más partes enfrentadas en una guerra y mediases entre ellas. Debemos diferenciar claramente la ambivalencia de la lucha interna. Esta última resulta realmente autodestructiva. Acepta la medicación y pídele que realice la labor de curación que tu cuerpo necesita al máximo de sus posibilidades.

4. A medida que vayas tomando tus pastillas, dales la bienvenida a tu organismo como medio de sanación.

Enfréntate a cualquier procedimiento o terapia con confianza y tranquilidad, ya que has tomado por ti mismo la mejor decisión posible en tus actuales circunstancias.

5. Si estás recibiendo quimioterapia intravenosa, tómate el tiempo que tarden en colocarte el equipo de perfusión para bendecir la medicación que vas a recibir, y que haga el mejor efecto posible en tu cuerpo. Haz lo mismo con la radioterapia: bendice la energía que se va a difundir a tus tejidos. Relájate y concéntrate en que el tratamiento va a resultar eficaz.

6. Pide que la quimio, la radio o cualquier otra terapia que te apliquen sea capaz de localizar fácilmente las células que han de ser recicladas: sus moléculas pueden luego ser desechadas como basura o utilizadas por tu organismo para producir otras normales. Después, pide que tus células sanas se vean mínimamente afectadas y que los efectos secundarios que sufras sean leves.

7. Una vez más, cuando el tratamiento comience o te estés tomando tu medicación, relájate y concédete unos momentos para meditar y dar la bienvenida a tu cuerpo a la maravilla de la ciencia médica, a las propiedades curativas que tiene y que tú necesitas para hacer frente a la enfermedad.

Menopausia

Existe mucho y muy buen material escrito sobre la menopausia, incluyendo las diversas opiniones existentes sobre la terapia hormonal sustitutiva (THS), que se utiliza, entre otras cosas, para paliar síntomas como los sofocos y los sudores nocturnos. Este tipo de tratamiento resulta de más ayuda para muchas mujeres de lo que algunos pueden suponer. Un médico me confesó en una ocasión que eran muchas las pacientes que le demandaban la citada terapia con una vehemencia insospechada. Para otras, en cambio, los efectos secundarios de las hormonas resultan desagradables y hasta peligrosos. Mi caso, por desgracia, se encontraba dentro del segundo grupo. Incluso con la THS, mis síntomas no cedieron; sufría tremendos sudores nocturnos acompañados de esa sensación de calor que te sube por el cuello. Me sentía como si todo mi cuerpo estuviese en llamas.

Desesperada, y tras haber probado la acupuntura, las hierbas, los estrógenos, la progesterona en forma de píldoras y de crema, y varias vitaminas, me senté a *escuchar* a mi cuerpo.

La dirección que tomaba mi organismo, reducir los niveles hormonales y acabar con los ciclos fértiles, no era más que el patrón normal que marca la biología. No obstante, cuando la cantidad de estrógenos en mi sangre caían de forma demasiado abrupta, los síntomas aparecían. Esto fue lo que comprendí al escuchar a mi cuerpo. El siguiente paso consistía simplemente en utilizar esa información para aminorar los sofocos y sudores. Eso probaría de inmediato la validez de mis ideas. ¿Qué podía hacer para ralentizar el proceso cuando los niveles hormonales caían con demasiada rapidez? No era necesario que produjese cantidades ingentes, sino sólo algunas moléculas más de las que mis ovarios estaban fabricando en esos momentos. Finalmente, utilizando visualizaciones, conseguí detener los sofocos antes de que se instaurasen, y aunque los accesos de calor ya estaban más avanzados, se disiparon inmediatamente. Te recomiendo que lo pruebes por ti misma.

PUENTE HACIA LA SANACIÓN

Cuando comiences a sentir un sofoco, deja la actividad que estés realizando y tómate un segundo para sintonizar con tu cuerpo. Imagina que puedes entrar en conexión con todos los centros de producción hormonal de tu organismo y comunicarte con ellos. Pídeles que desarrollen unas cuantas moléculas de estrógeno o de progesterona, únicamente las necesarias para detener los desagradables calores que te asaltan.

Tal vez fuera tan sólo mi capacidad de relax lo que mejoró la situación. Tal vez fuera capaz de transformar los niveles de confort de mi cuerpo con mi intención consciente de alcanzar la paz y el equilibrio. ¿O quizá pudiera ser cierto que, al concentrarme con el profundo deseo de activar las células responsables de la síntesis de moléculas, fui capaz de hacer variar mi cantidad de hormonas en sangre?

Muchas de mis pacientes han encontrado esta técnica tan efectiva en su caso como lo fue en el mío. Otras, en cambio, se dieron cuenta de que obtenían mejores resultados al utilizar la terapia hormonal sustitutiva. Para algunas, la combinación de tratamientos médicos y técnicas mentales les allanó el camino en esta época de profundo cambio en sus vidas. La menopausia es, al fin y al cabo, la transformación de una parte realmente poderosa de nuestros yos femeninos.

Esclerosis múltiple

A Maureen Manley le encanta montar en bicicleta. Recuerda perfectamente la primera que tuvo, una cursilona bici de niña: "Era de color amarillo canario, tenía el asiento en forma de plátano y con un estampado de flores horripilante, borlas en el manillar y unas ruedas finuchas con guardabarros".

Sus padres se dieron cuenta inmediatamente de que a Maureen, a sus diez años, le horrorizaba aquel trasto, así que la ayudaron a transformar su bici de nenas en una "máquina" negra con un lustroso sillín de carreras, ruedas anchas y rugosas sin guardabarros y un manillar, también de carreras, sin borlas. Cualquier niño nuevo que llegase al barrio era "iniciado" por el resto de los chicos echándole a Maureen una carrera, que irremediablemente estaba siempre avocado a perder.

Muchas horas de carretera, muchas bicis y unos cuantos centímetros más de estatura después de aquella primera bicicleta con borlas dieron como resultado toda una deportista de élite: Maureen Manley, miembro del equipo de ciclismo de Estados Unidos, poseedora de un récord nacional y ganadora, entre otros, de dos campeonatos nacionales y muchos premios más. Por supuesto, ella adora todos los aspectos de su deporte, incluyendo la exigencia física extrema que requiere someterse a cientos de horas de entrenamiento, así como poseer unas capacidades tremendamente precisas y un equipo de ciclismo de alta tecnología. Además, Maureen es lista. Tiene el tipo de capacidad cerebral que se necesita para llevar a cabo estrategias de equipo, los nervios de acero para rodar en formación a toda velocidad, y el ingenio y la precisión milimétrica indispensables en un ciclista de talla mundial.

Siguiendo la tradición de los deportistas de competición, Maureen era capaz de ignorar el dolor mientras se encontraba en una carrera. Cuando empezó a sentir una fatiga extraña y la visión un tanto borrosa, lo atribuyó simplemente al sobreesfuerzo. Estaba segura de que aquellos síntomas eran algo sobre lo que podía pasar rodando con su bici y dejar atrás. Sabía que cuando fijaba su mente de acero en la carretera, su cuerpo respondía; a pesar de los arañazos, los dolores o los pinchazos en los músculos. En 1991, mientras corría con el equipo femenino de Estados Unidos en la primera etapa del Tour de Francia, y su mente se mantenía ocupada en la escalada que les tocaba realizar aquel día de finales de agosto, se dio cuenta de que algo andaba mal. Sus piernas parecían arder con cada impulso y se veía obligada a levantarse del sillín para pedalear con más brío.

"Cuanto más me esforzaba en la escalada, peor veía. Cuando conseguí alcanzar lo alto de la colina, mi visión estaba ya tan borrosa que me salí de la carretera y me estrellé", confesó.

No se trataba de ningún incidente extraño, ni de un acceso repentino de gripe. El médico confirmó que lo que le sucedía a Maureen eran los primeros signos de la esclerosis múltiple.

Esta dolencia es una afección del cerebro, la médula espinal y los nervios ópticos, que no se asocia con ninguna infección ni es contagiosa. Está considerada como una enfermedad autoinmune, lo que significa que el cuerpo ataca a sus propios tejidos y destruye sus células. Las causas últimas que conducen a esta neurodegeneración crónica son aún desconocidas. Lo que sí se sabe es que hay casi el doble de mujeres afectadas que de hombres, y que en unas localizaciones geográficas se da una mayor incidencia que en otras.

La progresión de la enfermedad está cuidadosamente descrita según sus síntomas, y sobre la base de su evolución los distintos estadios se clasifican en recidivante-remitente, primaria-progresiva, secundaria-progresiva y progresiva-recidivante. Provoca que las células del sistema nervioso central pierdan la vaina de mielina que las protege. Esta sustancia, en condiciones normales, envuelve las prolongaciones de todas las células nerviosas, los denominados axones, y está compuesta en una pequeña proporción por proteínas (un 20%). El otro 80% es tejido graso, moléculas lipídicas. Ciertas células especializadas del sistema nervioso central, llamadas *oligoden-drocitos,* cuentan con una especie de largos brazos que proporcionan apoyo estructural a los axones de varios nervios, y fabrican mielina en las zonas en las que se unen con ellos. Este elemento es crucial para la transmisión de mensajes a lo largo de las células nerviosas, porque aísla las terminaciones, y permite que el mensaje se difunda de forma rápida y precisa hasta llegar a su destino: la siguiente célula nerviosa de la secuencia, que finalmente terminará ordenando al músculo que se contraiga. Los efectos dañinos de la esclerosis múltiple suelen incluir dificultades motoras, que pueden llegar incluso a dejar al paciente postrado en una silla de ruedas, y hasta impedirle que se lleve a cabo la función de la vejiga urinaria.

Maureen mostraba todos los síntomas principales de la enfermedad: incapacidad importante de la función muscular, fatiga y problemas de visión. Así, emprendió un tipo de viaje diferente, uno que también le requería preparación física, atención, habilidad y concentración en las condiciones de la "carretera" que tenía entonces frente a sí. Tuvo que acostumbrarse a caminar con bastón, y a soportar su errática y nada fiable vista. La joven se encontró de pronto inmersa en un mar de valoraciones y tratamientos médicos que parecía no tener fin. Siempre encuadradas dentro de la terapia esteroidea, probó las medicaciones más innovadoras que su médico podía ofrecerle, y no sin cierto éxito.

Cuando la medicina tradicional hubo agotado todos sus recursos, Maureen decidió intentarlo también con terapias alternativas como regímenes nutricionales, suplementos vitamínicos, reiki, psicoterapia, masaje... Cualquier cosa que puedas imaginar, ella ya la había probado.

Cuando llegó hasta mí, en 1999, ocho años después de que le diagnosticasen la enfermedad, ya se había recuperado considerablemente. El consejo de un amigo e instructor en el que confiaba la trajo hasta mí, pero ella se mostraba comprensiblemente escéptica. Muchas terapias y terapeutas le habían prometido la curación, y aunque efectivamente algunos sí le habían sido de ayuda, otros hasta la habían hecho empeorar. La mayor parte de los tratamientos que estos supuestos profesionales le habían propuesto resultaron absolutamente inefectivos, a pesar del esfuerzo que le había costado seguir sus indicaciones. Sin embargo, y a pesar de sus decepciones anteriores, Maureen se decidió a averiguar lo que podíamos conseguir juntas.

Durante su primera visita, nos dedicamos a hablar sobre lo que ya había logrado: sus ojos funcionaban bien la mayor parte del tiempo y era capaz de caminar sin bastón, aunque se notaba un tanto insegura. Se entrenaba en el gimnasio y montaba en bicicleta estática. No obstante, era incapaz de correr en carretera, y mucho menos en grupo, ya fuera acompañada de amigos o enfrentándose a competidores. Al haber perdido aquello, uno de los aspectos más importantes y que más le hacían disfrutar de la vida había desaparecido.

Utilizando sus propias palabras, Maureen experimentó una profunda sanación a través de nuestro trabajo. Logró una mayor estabilidad en su visión, cansarse menos, tener mayor fuerza en las piernas y que sus funciones corporales generales se estabilizaran hasta casi hacerse normales: "Me sorprendió y me maravilló que mi organismo respondiera de aquel modo a las sesiones —decía—. Me asombraba lo que mi cuerpo era capaz de hacer. Tras cada consulta, experimentaba sutiles cambios en mi energía, que se traducían en un claro aumento de mis habilidades".

Su espíritu indomable, nuestro trabajo de sanación y lo mejor que la ciencia médica y farmacológica le podían ofrecer consiguieron que volviera a correr en carretera, e incluso que retomara su profesión. De hecho, últimamente ha participado en varias pruebas, una contrarreloj y algunas competiciones en equipo. Una de ellas fue la Seattle-Portland de 2005, en la que recorrió unos trescientos kilómetros en un solo día. Otra, también en 2005, consistió en cubrir más de doscientos cuarenta kilómetros, esta vez en dos días, para recaudar fondos a favor de la esclerosis múltiple. Tras la primera etapa, Maureen pronunció un discurso sobre su experiencia como afectada. Hoy en día está encantada con su rendimiento y aptitudes, que le han permitido volver a disfrutar del mundo del ciclismo. "Con fuerza y valor renovados, siento que ya no voy a retroceder en mi enfermedad. Mi vida avanza", asegura.

Como con mis otros pacientes, mi trabajo con Maureen consistió en prestarle apoyo espiritual a través de la energía sanadora, lo cual alivió el tremendo miedo que sentía ante el futuro realmente incierto al que se enfrentaba: "¿Se estabilizará la enfermedad o mi cuerpo se irá deteriorando poco a poco hasta llegar un día en el que me quede completamente inválida?". El estrés que crea esta incertidumbre también supone un desafío para la salud. Reconocer y ponerle nombre al miedo hace que salga a la superficie. Entonces, nos podemos imaginar que lo envolvemos en un hatillo y lo elevamos al universo. El mayor reto es confiar lo suficiente en la energía sanadora y en su conexión espiritual como para relajarse y dejar que la sanación se produzca.

El mayor reto es confiar lo suficiente en la energía sanadora
y en su conexión espiritual como para relajarse
y dejar que la sanación se produzca.

PUENTE HACIA LA SANACIÓN

Esta meditación es exclusiva para los enfermos de esclerosis múltiple:

1. *Detén el daño de tus células cerebrales.* Imagina una ola de energía refrescante que se desplaza desde lo alto de tu cabeza y recorre hacia abajo todo tu cuerpo. Imagina que su frío te calma y frena el progreso de la lesión nerviosa. Utiliza con cada respiración estas palabras: "Energía sanadora", como si de un mantra se tratase. Cuando espires repite: "Estabilizaos", dirigiéndote a tus nervios. Haz siete series de este ejercicio dos veces al día.

2. *Limpia las zonas dañadas.* Pide a las células del sistema nervioso central encargadas de eliminar los desechos, las denominadas astrocitos y microglía, que hagan desaparecer delicadamente el tejido cicatricial. Utilizando tu ola de energía, imagina que abres una cremallera en las lesiones para dar espacio en ellas a la nueva vida que las recorrerá. Pide a los oligodendrocitos que envuelvan en su confortable espiral a tus células nerviosas y las abriguen en ella. Observa cómo tejen su fina trama, creando un aislamiento y reinstaurando, por tanto, la función nerviosa normal.

3. *Conecta tu cerebro a los nervios periféricos.* Visualiza un impulso que se mueve lentamente desde una célula nerviosa cerebral a otra, y después pasa a un nervio periférico, que a su vez se conecta a uno de tus músculos afectados. Crea una imagen del flujo de información que se desplaza de forma suave desde el cerebro hasta la médula espinal y después hasta el músculo, y observa cómo éste funciona correctamente.

Cirugía

Los cirujanos tal vez sean las personas más hábiles de todo el planeta. Han de ser inteligentes, tener una increíble coordinación mano-ojo y nacer con nervios de acero. Si tienes que someterte a una operación, querrás que el doctor tenga experiencia, esté bien entrenado, alerta y concentrado. Busca a un profesional competente y a un equipo médico en el que confíes, y ponte en sus manos sin preocupación.

El material que se incluye en esta sección consta de dos partes. La primera trata de cómo prepararte para la cirugía, mientras que la segunda te invita a buscar ayuda en los que te rodean. Estas sugerencias nacen de mi experiencia personal trabajando con pacientes inmediatamente después de una intervención quirúrgica y durante su periodo de recuperación en el hospital. Cientos de ellos avalan la eficacia de estos métodos.

Prepararse

Tras haber agotado todas las demás opciones, has de reconocerte a ti mismo que la cirugía es la modalidad de tratamiento más adecuada para tu patología.

Acepta y da la bienvenida a la intervención que van a realizarte, así como a la medicación que la acompaña. Míralas como métodos de curación que finalmente te devolverán la parte de tu vida que ahora está comprometida por la enfermedad. Cuando tomes medicinas, párate y bendícelas para que actúen en tu organismo a pleno rendimiento.

Trabajar con aquellos que nos rodean

Reúnete con tu familia y amigos antes de la operación. Queda en verte con ellos durante unas cuantas horas. Necesitarán conocerse unos a otros y establecer una cadena de llamadas telefónicas o *e-mails*. Uno puede convertirse en la persona de contacto con tu equipo médico, e incluso, si no es un familiar directo y así lo deseas, puedes autorizarle para que tenga acceso a tu historial y sea a quien informen sobre tu estado. Será esta persona quien llame al hospital para enterarse de cómo te encuentras y quien lo transmita al resto del grupo.

Asegúrate de tener alguien a tu lado cuando hables con el médico antes de la intervención. Pide a esta persona en particular que anote las preguntas que se te haya podido olvidar formularle al doctor.

Invita a un grupo de familiares y amigos a que mediten o recen por ti los cinco días previos a la operación, durante el tiempo en que se esté realizando y los cinco días posteriores.

*Asegúrate de tener alguien a tu lado cuando hables
con el médico antes de la intervención.*

Diseña un horario para que siempre estén contigo una o
dos personas durante las veinticuatro a treinta y seis horas
siguientes a la cirugía. Ellos te ayudarán a controlar el número de visitas, a contestar al teléfono hasta que tú puedas hacerlo personalmente, y se pondrán en contacto con las enfermeras si necesitas algo. Nadie esperará que seas una persona
socialmente atractiva tras haber sido operado, así que no
intentes mantener conversaciones brillantes que te agoten
innecesariamente.

Estas personas también supondrán para ti un apoyo espiritual importante. Anímalas a que mediten o recen sobre estos
asuntos en concreto:

— Que tu cuerpo esté completamente preparado para la
intervención, que el sangrado sea mínimo, que la zona
que te van a operar sea de fácil acceso para el cirujano
y que tu cuerpo acepte el procedimiento al que se le va
a someter. Por ejemplo, si se tratase de un tumor, que
rueguen que todas las células se unan unas a otras para
que sea factible extirparlo por completo.
— Que el equipo médico esté descansado y completamente alerta para que puedan dar lo mejor de sí mismos el día de la intervención. Que rodeen al cirujano,
al anestesista y a todo el personal quirúrgico de luz y
apoyo.

Sanación a nivel más profundo

Adriana sufrió un grave acceso de apendicitis cuando tenía siete años de edad. Su familia, fundamentalmente su padre, no creía en la medicina convencional, en los médicos ni en los hospitales. Probaron otros métodos, en especial la oración, para ayudar a la niña, que se encontraba gravemente enferma. Cuando estaba ya a las puertas de la muerte, y contra los deseos de su progenitor, Adriana fue ingresada de urgencia en el hospital, donde tuvieron que someterla a dolorosos e invasivos procedimientos para poder eliminar la enorme infección que afectaba ya a todo su abdomen. La cirugía inicial para extirparle el apéndice fue el menor de los terribles tratamientos que tuvo que soportar.

Vino a mí con más de cuarenta años, tras mucho tiempo de terapia que le había ayudado a enfrentarse al trauma de aquella temprana experiencia. Sin embargo, ella deseaba ir más allá. Quería encontrar un modo natural y relajado de vivir en este mundo, sin mostrarse tan reservada o tímida como lo había hecho hasta entonces. ¿Que por qué había decidido acudir a un sanador espiritual dado que habían sido precisamente las creencias religiosas las que la habían llevado al borde de la muerte por no buscar la necesaria asistencia médica? La respuesta residía en una de mis pacientes, a la que había sanado de un trauma de la infancia muy importante y que le había aconsejado que me visitase, ya que se trataba de una de sus mejores amigas. Aunque al principio se mostraba comprensiblemente reticente, era consciente de lo mucho que mi trabajo había ayudado a su compañera.

Tal vez el hecho de que yo no considere la sanación energética como el camino exclusivo hacia la salud ayudase a Adriana a resolver sus encontrados sentimientos sobre la medicina y la espiritualidad. Personalmente opino que todos necesitamos cierta ayuda clínica de vez en cuando, incluyendo chequeos rutinarios que confirmen que nuestro estado de salud sigue siendo bueno. La medicina y la espiritualidad deben, de hecho, ser integradas. Podemos enriquecer nuestras vidas y nuestra salud, una vez más, incorporando la dimensión espiritual como una parte más de nuestro estilo de vida. El puente que salva el espacio entre el alma con las células también puede convertirse en un nexo de unión entre estos dos conceptos.

La medicina y la espiritualidad deben ser integradas.

En general, Adriana encontró los principios de apreciación, limpieza de bloqueos, flujo y sanación a nivel celular muy beneficiosos a la hora de alcanzar su tan ansiado estado de bienestar. Estas prácticas le sirvieron de apoyo en la exploración de las posibilidades profesionales que siempre había deseado conquistar pero que nunca había tenido el valor de llevar a cabo. Nuestro trabajo la ayudó a aprender a tratar con personas autoritarias sin perder la confianza en sí misma. Comenzó a sentirse segura de su espiritualidad natural y de su capacidad de sanación. De hecho, pienso que quizá nuestras sesiones llegaron a alcanzar incluso a las células de la memoria que, en su cerebro, se habían quedado paralizadas en el tiempo y el miedo pasados.

Un día me llamó y me pidió una cita con más excitación de la que nunca había oído en su voz. Nos reunimos y me habló de unas pesadillas que jamás me había mencionado antes: "He tenido un sueño recurrente durante los últimos treinta años, desde que era una adolescente. En él, me persiguen tres hombres. Todos se parecen entre sí, y quieren matarme. Es horrible y aterrador. Yo corro y corro, pero finalmente me cogen. Justo en el momento en el que estoy a punto de morir, me despierto. Algunas noches me las he pasado enteras en vela por miedo a tener este sueño. Hacía tiempo que no tenía uno de ellos, hasta la semana pasada. Sin embargo, en esta ocasión, fue diferente. En lugar de estar sola con mis asaltantes, soñé que me encontraba rodeada de un pequeño ejército que me ayudaba, mientras unos soldados malignos nos atacaban. Yo tenía un mapa en la mano y enviaba parte de mis tropas a diferentes lugares, intentando poner en práctica alguna estrategia. De pronto tú, Joyce, apareciste y miraste el mapa. Lo cogíste de mis manos y dijiste que no te gustaba. Cuando arrugaste el papel y lo tiraste, ambos ejércitos desaparecieron. Me desperté feliz y nada asustada, sino asombrada de que mi sueño hubiera cambiado tanto".

¡Pero lo mejor aún estaba por llegar!: "Dos noches después volví a soñar con el ejército, igual que antes. Tenía el mapa en la mano y me afanaba en planear mi estrategia. Pero entonces dije: 'Esto no me gusta', y yo misma fui quien arrugó el mapa y lo tiró".

Estaba encantada de que hubiera profundizado tanto en su sanación como para que las células de la memoria de su mente subconsciente creasen un escenario de semejante fuerza en el que ella pudiese demostrar su poder personal. Nuestro trabajo espiritual había alcanzado los lugares más recónditos de su alma, liberándola de tres décadas de terrores nocturnos.

Conclusión

Uno de mis abuelos sufrió un accidente cerebrovascular a la edad de sesenta y dos años, y todos creíamos que no sobreviviría mucho tiempo. Muy por el contrario, en realidad se recuperó; vivió más que su esposa, jugó a los bolos en una liga, y durante muchos veranos hasta que cumplió los noventa y cinco, plantó jardines para varias viudas de su ciudad, Camas, en Washington. Murió apaciblemente a los noventa y ocho años, tras una infección respiratoria que le tuvo postrado en cama durante catorce días.

Una de mis mejores amigas, una mujer que siempre va muy acicalada, hace ejercicio con asiduidad y come más verdura que todo su barrio junto, desarrolló de pronto un linfoma no-Hodgkin. Ni uno ni dos, sino tres tipos diferentes de tumor, la pusieron al borde de la muerte. Los tratamientos experimentales, seguidos de los trasplantes de células madre a los que la sometieron, le salvaron la vida. Un grupo de amigos, incluyéndome a mí, nos reuníamos cada semana durante los meses que estuvo hospitalizada para orar por su recuperación. Seis años después, sigue perfectamente sana, aún come verdura, hace ejercicio y nos procura a todos una vida más feliz.

Para nosotros, la incertidumbre es una realidad más de la vida. Si estamos siempre asustados por los accidentes o las enfermedades que se nos puedan presentar, entregamos al miedo gran parte de nuestra existencia. Por el contrario, podemos analizar nuestras preocupaciones, hacer una bola con ellas y liberarlas en el universo, dejándolas en manos de la Fuente Suprema. En realidad, el mayor reto es tener la confianza suficiente como para relajarse completamente y disfrutar de la vida.

8

El camino de sanación definitivo

Aunque la formación académica que recibí fue en biología, durante mis cursos doctorales me vi inmersa, muy a mi pesar, en el estudio de la física.

Como bióloga, estaba entrenada en la observación directa, a menudo valiéndome de alguno de los diversos modelos de microscopio que existen. Al no haber tenido ningún contacto previo con el campo de la física durante la carrera, me asombró sobremanera descubrir que los científicos que se dedican a esta área del saber, en lugar de contemplar el universo tal como se nos presenta, lo que hacen es teorizar sobre él a través de complejas ecuaciones. De hecho, una de las pruebas que me hicieron superar consistía precisamente en ver si era capaz de escribir en una tarjetita de 8x13 todas las fórmulas esenciales del funcionamiento cósmico y explicar en profundidad su significado. A esto, por razones obvias, se le denomina ciencia reduccionista.

La dimensión del tiempo, curiosamente, no tenía cabida en nuestras tarjetas. En realidad, la física se esfuerza por eliminar la variable "t" de sus ecuaciones, ya que las complica en extremo y hace que pierdan gran parte de su elegancia natural. El problema principal es justamente que el tiempo no es estable, especialmente en mecánica cuántica, ya que cambia en función de otros términos, como puede ser la velocidad. Teniendo en cuenta que la física moderna, o cuántica, se ha ido poco a poco colando en muchos aspectos de nuestra cultura, también para el ciudadano de a pie este concepto ha ido quedando reducido a una mera ilusión. Si lo pensamos bien, hacer eso supone relegar al mundo entero, comprendiéndonos a nosotros que lo habitamos, a la misma categoría ficticia.

En realidad, sin necesidad de recurrir a la ciencia, muchas tradiciones ancestrales ya habían llegado antes a la conclusión de que la vida en la Tierra no era más que una ilusión, pero cuando la ciencia moderna y la espiritualidad se unieron, todo lo físico, incluyendo el tiempo, pasó a ser también una quimera.

He de reconocer que esto supone todo un enigma para una bióloga como yo. La vida física de cualquier organismo, con toda su asombrosa estructura, depende en gran medida del tiempo. Los procesos celulares se llevan a cabo en apenas unos instantes; la bioquímica metabólica no ocupa más que unos nano o picosegundos. Los complejos códigos contenidos en el ADN determinan la vida de las células de cada tejido y de cada órgano; existen incluso enzimas específicas que provocan su muerte prematura si las órdenes que regulan el momento en que han de replicarse son malinterpretadas o ignoradas. Para un sistema biológico, como podemos comprobar, el tiempo resulta fundamental; de hecho, forma parte de su esencia misma. Es el que hace posible la vida. El factor temporal controla también tu experiencia diaria. Los ciclos de descanso, sueño, vigilia, alimentación, trabajo y ocio están relacionados todos con su transcurso. Incluso nuestra percepción del tiempo puede variar dependiendo de las circunstancias en las que nos encontremos. Para un jugador profesional de la liga de béisbol que se enfrenta a una bola recta que le han lanzado a más de 150 km/h, el tiempo parece ralentizarse. Esa misma pelota en cambio apenas es perceptible para los que observan el partido desde las gradas, mientras que para el jugador, y más si se trata del maestro del bateo Ichiro (Seattle Mariners, 2004), no sólo resulta perfectamente visible sino susceptible de ser golpeada. El tiempo casi desaparece cuando estás concentrado en alguna tarea que requiere toda tu atención. O bien pareces disponer de todo el tiempo del mundo, o apenas eres consciente de los minutos que transcurren. Tus células, por su parte, habrán continuado con sus tareas de forma automática sin necesidad alguna de que les prestaras atención, y sin tener que usar reloj.

Aunque es cierto que nuestra percepción temporal puede desaparecer, el concepto en sí siempre seguirá existiendo en la realidad biológica. Mi propuesta es no seguir considerando nuestros cuerpos ni nuestras vidas como meras ilusiones. Quiero hacerte comprender que tu organismo no es un espacio físico que se encuentra fuera de tu alcance, sino que, muy por el contrario, deseo invitarte a que lo abraces como una dimensión sagrada. Al hacerlo, estarás mejorando tu vida, dando valor a lo que te rodea y empleando bien tu tiempo.

Mucha gente con tendencias espirituales ignora o niega las enfermedades y lesiones que le aquejan, especialmente en los momentos en que comienzan a percibir las primeras señales de que algo no marcha bien en su organismo. Experimentan un cierto sentimiento de culpabilidad y se dicen a sí mismos: "No es más que una ilusión. Visualízate superando este dolor, esta molestia, este síntoma". Pero hacer caso omiso del problema sólo nos puede llevar a que la enfermedad empeore. Una y otra vez, se nos demuestra que la detección precoz y los tratamientos tempranos son nuestra mejor garantía de recuperación.

El modo en que una persona concibe lo real y lo irreal influye en cómo utiliza su energía de sanación. La transmisión de bendiciones espirituales al cuerpo, al flujo del puente entre el alma y las células, constituye una conexión entre el mundo etéreo y el físico. Ocurre lo mismo, aunque el medio sea diferente, cuando el océano conecta con la tierra. En ese punto, el líquido entra en contacto con el sólido, impregnándose el uno del otro, y sin embargo ambos siguen siendo igual de reales.

Si llevas la dimensión espiritual y la física hasta un punto de tensión, podrás darte cuenta de cómo pugnan ambas una contra la otra en esa zona donde las dos cohabitan. De hecho, será ahí donde puedas recibir la bendición de la conciencia espiritual y la sanación, mientras que, al mismo tiempo, tu apreciación del mundo físico te permitirá utilizar la ciencia en su máxima expresión. Si eres capaz de ver tu cuerpo como una manifestación de lo sagrado y, a la vez, reconocer sus propiedades físicas puras y sus necesidades, estarás preparado para moverte en la vida y afrontar sus retos, y tendrás acceso a los mejores recursos de ambas realidades.

Si llevas la dimensión espiritual y la física hasta un punto de tensión, podrás darte cuenta de cómo pugnan ambas una contra la otra en esa zona donde las dos cohabitan.

La espiritualidad y la muerte

Antes de mi experiencia cercana a la muerte, no creía en la existencia de la otra vida ni, por tanto, en la continuación de la conciencia tras ella. Desde mi punto de vista, la muerte era total, completa y absoluta. Para mi sorpresa y alegría, tras aquel suceso, la noción de que la conciencia no desaparece a pesar de que sí lo haga el cuerpo se convirtió en una realidad irrefutable. No se trataba de una idea abstracta ni del pasaje de un libro: había recibido un ejemplo de la fabulosa riqueza que reside en la paz total. Todo eso, unido al tremendo sentimiento de pertenencia que me embargó durante aquellos segundos de inconsciencia, calmó mi miedo a la muerte. De hecho, más que aliviar mis preocupaciones, lo que me ocurrió fue que el temor desapareció por completo aquel día y ya no ha regresado más. Desde entonces, parte de mi trabajo como sanadora ha incluido atender a familias que velan el lecho de muerte de sus seres queridos, así como asistir a los propios moribundos en su último trance. Aunque pueda sonar raro, ayudar a alguien a encontrar la paz a través de la oración y la meditación mientras entra en la otra vida resulta una experiencia profundamente intensa y sorprendentemente alegre.

La esperanza de tener una muerte buena y consciente es un valioso fin para cualquiera, y conversar con un consejero, sacerdote o miembro de la familia puede resultar de mucha ayuda a este respecto. Cuanto más se acerca el momento, más crece el sentimiento universal que sólo entonces se experimenta de ser bienvenido al otro lado. El materialismo, el estatus social y los valores que hemos defendido durante nuestra vida desaparecen por completo. Llegamos al mundo desnudos, y abandonamos nuestro cuerpo sin llevar tampoco credenciales, cuentas corrientes ni prendas de marca.

El proceso por el cual se abandona el cuerpo físico fue muy bien descrito en la obra de Sherwin B. Nuland *Cómo morimos: Reflexiones sobre el último capítulo de la vida* y en la de Elisabeth Kübler *Sobre la muerte y los moribundos.*[1] Muchas religiones tienen también sus propias ideas acerca de cómo el alma abandona el cuerpo, y defienden diferentes teorías sobre los estados intermedios del ser y los pasajes que atraviesa el espíritu en esas circunstancias. Hay quien describe esta experiencia como cruzar un túnel, vadear un río, atravesar un camino en la selva o adentrarse en la nada más absoluta. Las experiencias que yo misma he vivido junto a la cama de muchos enfermos no están calibradas a través de ningún sistema de creencias particular y te las ofrezco aquí desde mi personal punto de vista.

Cuando un paciente está en coma y conserva aún sus signos vitales, en el momento en el que el alma abandona el cuerpo, este hecho se hace perceptible ya que el ambiente de

---

1. Sherwin B. Nuland, *Cómo morimos: Reflexiones sobre el último capítulo de la vida* (Madrid: Alianza editorial, 1995); Elisabeth Kübler-Ross, *Sobre la muerte y los moribundos* (Barcelona, Ediciones Grijalbo, 1993).

la habitación cambia. Resulta difícil de explicar, pero la persona muestra de pronto un aspecto distinto. Normalmente, al suceder esto, el corazón se para y la respiración cesa unos diez o quince minutos después de la misteriosa partida del alma. La conciencia de la persona se puede quedar junto al cuerpo durante un tiempo, pero generalmente, y sobre todo si ha habido una preparación previa, el espíritu comienza de inmediato su camino hacia la salvación del más allá, el Cielo, el Corazón de Dios, el universo, el Creador o la luz en el vacío, según cuál sea nuestra concepción de la vida venidera.

A través de mi trabajo con personas en el momento en que se aproximan y completan su transición entre el reino físico y el espiritual, he sido capaz de desarrollar dos principios básicos:

*El miedo a la muerte reduce la plenitud de la vida
y mantiene cautiva una parte de nosotros.*

y

*Cuando nos enfrentamos al miedo a la muerte
y lo superamos, podemos descubrir una nueva
dimensión de alivio, claridad y vitalidad.*

Déjame que ilustre con unos ejemplos el concepto que tengo sobre este puente que supera el miedo a la muerte, permite una nueva percepción y plenitud de la vida, y nos apoya en nuestra última hora, o bien nos ayuda a asistir con cariño a otros cuando les llega su momento.

Una de las fases principales del entrenamiento que recibí por parte de los sanadores indígenas que conocí durante mis viajes a las zonas más remotas (o quizá ya no tanto) del mundo consistió en enfrentarme personalmente a la muerte. La intención es vencer el miedo que ésta nos produce y ser entonces capaces de caminar entre los dos mundos, el físico y el puramente espiritual. He de reconocer que muchos ejercicios de mi adiestramiento me resultaron terriblemente aterradores. En Bali, los aspirantes a sanadores son llevados por su profesor a un templo específico, situado en una formación rocosa junto al océano, al que únicamente se puede acceder durante la marea baja. El iniciado es abandonado allí para que pase una noche sin refugio, comida, ni agua. Solo, al aire libre, y mientras la marea vuelve a cubrir la zona de tierra que rodea el templo, la noche cae sobre él con una oscuridad imposible de describir. Las olas chocan a su alrededor y las cobras salen de sus guaridas subterráneas para escrutar al intruso. El *único* modo de sobrevivir a esta prueba es entrar en absoluta quietud meditativa y eliminar todo miedo que se pueda sentir. Podéis imaginaros lo mucho que me alegré al descubrir que, por muy difíciles que me resultaran mis propios exámenes, éste no estuviese incluido entre ellos.

Si el aspirante se encuentra sano y salvo cuando la marea vuelve a bajar, la iniciación se considera completada con éxito. ¿Te queda alguna duda de por qué los chamanes y los sanadores indígenas son tan respetados en sus comunidades? En sus culturas, se espera de ellos que hagan de puente entre los dos mundos, para así obtener información de los que ya han cruzado al reino espiritual. Debemos abrirnos al hecho de que tal vez sea cierto que existe una hierba, una fuente de agua sanadora, un ritual o un simple consejo sobre un asunto emocional que nos angustia que pueda contribuir a devolvernos la paz en un momento dado. En ocasiones, la sanación alcanza inesperadamente las células del cuerpo y da lugar a una curación física importante. Mis diez años de estudio y mis seis viajes a Bali me han permitido comprender el valor que puede tener un paso tranquilo entre la tierra y el cielo, así como entre los diversos estados meditativos de conciencia que se pueden alcanzar y la percepción ordinaria.

La sabiduría de Jero Mangku Sri Kandi, mi profesora y mentora balinesa, trasciende los rituales y creencias culturales. Es una auténtica maestra de la sanación y posee grandes dotes para conectar las diferentes dimensiones de conciencia que existen. Más de una década de someterme a sus rigurosas pruebas, su implacable personalidad, y su profunda y afectuosa conexión espiritual me enseñaron cómo abrazar de forma segura y fiable una realidad mayor, que se irradia al mundo material.

Aunque no me obligara a pasar una noche rodeada de cobras, en una de nuestras ceremonias en la costa este de Bali, Jero Mangku me pidió que me colocara en un lugar concreto de un templo aislado. Después, se alejó tres o cuatro pasos y comenzó a entonar un bello cántico. Para mi sorpresa, me di cuenta de que estaba sentada a la entrada de un hormiguero, cuyas rojas habitantes parecían sentirse ciertamente muy excitadas. Estos insectos, denominados "de fuego" y tristemente célebres por su horrible picadura, corrían por todo el lugar. Mi atención, sin embargo, recayó de inmediato en la voz de Jero Mangku, que logró sumergirme en un estado de absoluta paz mental. Tras veinte minutos sudorosos (por efecto del calor y no de las hormigas) aunque pacíficos, los insectos volvieron a sus ocupaciones habituales. ¡Ni siquiera uno me mordió! Ésta fue una de las pruebas más inolvidables a las que me sometió mi profesora, aunque también me puso en muchas otras ocasiones ante situaciones que requerían igualmente de profundas cualidades de concentración, valentía y compasión.

Desde entonces, he podido aplicar a mi trabajo como sanadora los más de treinta pasajes de conciencia que Jero me facilitó durante mi estancia con ella. Estas prácticas me proporcionan ahora información sobre mis pacientes que sólo puede ser percibida a través de estados alterados tan profundos que se aproximan a la propia muerte. El conocimiento que obtuve de mi trabajo con ella me ha ayudado en mi labor, al traducirlo a mi propia cultura, sin necesidad de reproducir aquellos ambientes de templos, nubes de incienso, orquestas de gamelán y sorprendentes cantos balineses.

. . .

Carl sólo tenía cuarenta años cuando le fue diagnosticado un cáncer. Para cuando le conocí, ya había tenido que recurrir a los cuidados paliativos debido a que el dolor se le había hecho prácticamente insoportable. Su mujer me llamó a los pies de su cama cuando lo ingresaron en una institución para enfermos terminales situada junto al hospital local donde le trataban. Mi primera reunión con él resultó muy optimista, y se vio continuamente salpicada de visitantes que venían a animar al enfermo. Parecía que en la habitación se estuviese celebrando un acontecimiento social. Carl no estaba preparado para la muerte, aunque su tumor había producido metástasis de forma masiva, y su situación clínica era irreversible. Tras semanas de cortas visitas, normalmente interrumpidas por sus muchos amigos, familiares y colegas, el final se aproximaba. En aquellos momentos últimos no le asediaban los visitantes, sólo su mujer permanecía a su lado. Dormía cada vez más, y su respiración se hacía intermitente y dificultosa. Cada vez que su aliento se detenía, su esposa deseaba que Carl por fin descansase del intenso sufrimiento que estaba soportando; pero él tristemente volvía a inspirar una nueva bocanada de vida, lleno de terror.

Fue entonces cuando acudí a asistirle. Me situé junto a Carl y su mujer al lado de la cama y sincronicé mi respiración y mi conciencia con la de él. Viajamos de la mano en un estado mental alterado que había aprendido a utilizar sin peligro bajo la tutela de Jero Mangku. Fui testigo de las imágenes sobrecogedoras que a él se le presentaban y comprendí por qué cada vez que regresaba a su cuerpo lo hacía tan angustiado. Al ver lo que él veía, le hablé pausadamente con la intención de que se tranquilizase y fuese capaz de superar aquellas dantescas escenas. Me detuve donde él lo hacía, y le animé a que siguiese caminando hacia la luz que brillaba más allá de las apariciones. La energía de aquel extraordinario albor era muestra del Amor Divino y le daba la bienvenida a un mundo mejor, así que seguimos adelante hasta que se liberó por completo de su cuerpo y se fundió en el resplandor. Una indescriptible paz llenó entonces la habitación. Su esposa se dio cuenta inmediatamente de que por fin se había ido; libre, feliz y en paz, y entonces lloramos juntas, casi de alegría.

· · ·

Sara había decidido morir en su hogar. Había abandonado el hospital tras terminar su tratamiento, únicamente bajo analgesia que le ayudase en su transición. Yo la conocí ya en su casa. Me llevaron a su habitación, una estancia pequeña con un futón y una ventana alta, en la que permanecían unos cuantos acompañantes, muy respetuosos y pacíficos. Me senté a su lado y medité en silencio mientras ella parecía encontrarse en un estado de semicoma. Sin embargo, yo no sentía que su vida estuviese terminando. No había ninguna energía de muerte a su alrededor. Simplemente busqué su espíritu, sirviéndole yo como ancla que la uniese al tiempo presente y al espacio. Tenía la sensación de que mi labor con ella consistía en proporcionarle una vía para que regresase. Tras casi una hora, abrió los ojos y me contó agitadamente su visión. Había sido testigo de una luz gloriosa. Me describía un lugar bello en el que se sentía completa. Mientras Sara hablaba, vi cómo resplandecía virtualmente con un fulgor que surgía del centro de su ser.

Cuando volví a verla, una semana después, tenía ya mucho mejor aspecto, e incluso podía caminar un poco. Realizamos otra sesión de sanación. De manera similar a la primera vez, consiguió encontrar aquel lugar de belleza y bienestar, y volvió de él con más historias sorprendentes sobre la luz y la paz que brillaban allí de una forma aún más intensa y radiante que anteriormente. Confesó sentirse mucho mejor. Con el tiempo, se recuperó de forma significativa, probablemente a causa de los viajes espirituales que realizaba y que parecían llenarla de energía sanadora. Murió ocho meses después, pero podemos estar seguros de lo bien que aprovechó el tiempo que le había sido regalado. Encontró una enorme sensación de paz, veía su vida con una nueva comprensión y apreciación, y aceptaba los amorosos cuidados de sus familiares, que antes vivían separados de ella. Aunque no se curó, nuestro trabajo juntas sí le resultó tremendamente sanador.

Al asistir a una persona que parece estar muriendo, la energía que reside al otro lado puede llegar a sanarla físicamente. No tener miedo al viaje que vamos a emprender y que nos separará definitivamente de la realidad material nos permite reunir poder de sanación para utilizarlo durante nuestra vida corpórea. A no ser que realmente nos haya llegado el momento de la transición, volvemos de estos pasajes plenos de armonía. Cada mañana, en mis propias meditaciones, visualizo el puente que yo misma cruzaré hacia el otro lado, pido bañarme en la energía luminosa que allí encuentro y regresar imbuida de ella a mi trabajo cotidiano. A veces, el puente presenta el aspecto de una pasarela cubierta de musgo en un sendero de montaña. En otras ocasiones, lo percibo como una energía que atraviesa el cielo con los colores del arco iris. El sentimiento de conexión y vuelta a casa, a mi cuerpo y al universo entero que experimentaré cuando lo cruce al fin aumenta con cada sesión de meditación. Al trabajar con mis pacientes, habitualmente me doy cuenta de que vivo con un pie aquí y el otro al otro lado. La claridad de mi visión y de mi toque sanador se vuelven más fuertes en esos momentos. Con los años, la distancia que separa este mundo del otro se ha ido acortando, y el puente ya no se me antoja tan enorme como era antes.

Al asistir a una persona que parece estar muriendo,
la energía que reside al otro lado
puede llegar a sanarla físicamente.

Desde estas páginas te invito a que, sirviéndote de los ejercicios de gratitud, claridad, enfoque y curación a nivel celular que te he presentado, crees tu propio puente de conexión entre el alma y las células. Te deseo que ese puente acabe con tu miedo a la muerte, que tus experiencias se muestren claras y benditas, y que te den apoyo para todo lo que quieras realizar en tu vida.

Apéndice

Ya sea en el contexto de las enclaustradas salas en las que se enmarcan los laboratorios científicos, o en el de las redacciones de publicaciones tan importantes como el *Wall Street Journal* o el *Denver Post,* hemos de reconocer que la investigación cerebral se ha convertido en los últimos años en un campo de interés y estudio completamente nuevo.

Hace poco se ha descubierto que el cerebro tiene la capacidad de cambiar tanto su función como su estructura en respuesta a ciertas prácticas. A esta habilidad se la denomina neuroplasticidad. El trazado electroencefalográfico es una de las principales herramientas de estudio con las que se puede llevar a cabo el seguimiento de la actividad de las ondas cerebrales, para dar cuenta de este fenómeno.

La maleabilidad de nuestros cerebros ha despertado la curiosidad de cientos de investigadores, quienes se han aventurado a registrar su actividad durante estados de meditación avanzada. Los resultados obtenidos no sólo han dado paso a fascinantes descubrimientos, sino que también han generado aplicaciones revolucionarias para todos nosotros en cuestiones de salud. "Nos dimos cuenta de que las personas que llevaban mucho tiempo practicando la meditación mostraban una activación cerebral a una escala que nunca antes habíamos visto", asegura Richard Davidson, neuroinvestigador del Laboratorio de Imágenes Funcionales del Cerebro y el Comportamiento W. M. Keck de la Universidad de Wisconsin.[1]

Cada vez son más las evidencias que sostienen que la capacidad de nuestro cerebro para adaptarse puede ser aprovechada, con el debido entrenamiento, para generar patrones positivos que den como resultado beneficios para nuestro cuerpo y nuestra mente. Por medio de estas técnicas se puede llegar a alcanzar estados de bienestar nunca antes sospechados, en los que la ansiedad disminuye, mejora la función inmune, e incluso se consiguen la dicha y la felicidad permanentes. Cuando se realizan sesiones de meditación durante largos periodos de tiempo, el cerebro muestra fuertes impulsos de actividad específica, así como una extraordinaria coordinación y sincronía: "Davidson trazó los mapas cerebrales de ciento cincuenta personas en estado emocional basal, entre ellos el famoso monje budista llamado Matthieu Ricard. El resultado de la mayoría de ellos se encontraba en un punto medio entre las emociones positivas y las negativas. Sin

---

1. Marc Kaufman, "Meditation Gives Brain a Charge, Study Finds", 3 de enero de 2005, www.washingtonpost.com.

embargo, Ricard, que había meditado profundamente sobre la compasión durante su escáner cerebral, estuvo al borde de salirse del gráfico en lo que respectaba a las emociones positivas, mostrando el nivel de felicidad más alto jamás documentado".[2]

Antes de la situación de interés generalizado por esta área del conocimiento a la que actualmente hemos llegado, la curiosidad ya nos había llevado al doctor Juan Acosta-Urquidi y a mí misma a realizar algunas pruebas sobre mi propia actividad cerebral, en 2002, mientras meditaba y enviaba energía sanadora a pacientes que se hallaban a casi cinco mil kilómetros de distancia de donde nosotros nos encontrábamos. Personalmente, también he sentido siempre que entraba durante la meditación en un estado de intensa y exquisita plenitud. Nuestros datos previos indicaron que efectivamente esa percepción de felicidad subjetiva que experimentaba coincidía con un importante aumento de las ondas delta de mi cerebro. Mientras me concentraba en enviar mi energía sanadora, se producían en mí enormes impulsos de ondas delta y beta, y también las alfa se veían alteradas.

Tres años después, en junio de 2005, el doctor Akio Mori me invitó a su laboratorio en la Universidad Nihon, en Tokio, Japón, donde nuestros experimentos fueron filmados para un documental que se emitió en el Canal 4 de TV Nokia, también en Japón, el 8 de agosto del mismo año. El doctor Mori, respetado profesor de neurología, es uno de los principales investigadores científicos en el campo de la topografía cerebral. Los datos de mi electroencefalograma, realizado por

2. Colleen O'Conner, "Willing Your Way to Happiness", 4 de junio de 2006, www.denverpost.com.

medio de ciento veintiocho sensores, mientras enviaba energía de sanación a un paciente aquejado de cáncer, revelaron que mostraba un nivel extraordinario de concentración y una insólita actividad en el córtex prefrontal izquierdo de mi cerebro: la zona donde se localiza la felicidad. El absoluto sentimiento de alegría que experimento mientras realizo mi trabajo no se puede comparar con ninguna trivialidad que pueda hacernos sonreír en nuestra vida cotidiana, sino que constituye un estado de dicha casi irreal. Ese tipo de bienestar sólo puede nacer de la experiencia repetida de ayudar a nuestros semejantes a través del uso experto de la concentración y la energía sanadora.

En junio de 2006, el doctor Acosta-Urquidi, con el apoyo de un electroencefalógrafo portátil, volvió a registrar mi actividad cerebral durante la meditación, mientras trabajaba con dos pacientes sentados esta vez frente a mí a menos de dos metros de distancia. Los datos, en general, resultaron muy similares a los de 2002, pero se registraron niveles incluso más altos de ondas delta concentradas, así como picos en las beta y un aumento de las alfa durante el proceso de sanación. También resultó destacable la lectura obtenida de mis ondas cerebrales gamma de alta frecuencia, al igual que los altos niveles de sincronía que demostré generar. Para más información sobre la sincronía gamma, puedes leer el artículo "Long-term Meditators Self-induce High-amplitude Gamma Synchrony during Mental Practice".[3]

---

3. Antoine Lutz, L. L. Greischar, N.B. Rawlings, M. Ricard y R. J. Davidson, "Long-term Meditators Self-induce High-amplitude Gamma Synchrony during Mental Practice", en la revista *Proceedings of the National Academy of Sciences* 101, nº 46 (2004): 16369-73.

El equipo electroencefalográfico que el doctor Acosta-Urquidi utilizó fue el convencional: un instrumento Mitsar (San Petersburgo, Rusia) que empleaba un conector para electrocap de diecinueve canales, siguiendo el sistema internacional 10-20, dotado de un dispositivo auricular especial. Los primeros datos obtenidos fueron analizados para determinar el rendimiento energético del espectro de frecuencias y los mapas topográficos de mi cerebro (EEG cuantitativo). Para más información sobre este trabajo, acude al artículo "Brainwaves and Heartwaves: Psychophysiological and Spiritual Dimensions of Energy Healing".[4]

4. J. Acosta-Urquidi, "Brainwaves and Heartwaves: Psychophysiological and Spiritual Dimensions of Energy Healing", *Journal of Alternative and Complementary Medicine* 10, nº 4 (2204): 728.

Créditos fotográficos

El editor agradece a los siguientes autores por autorizarnos a utilizar fotografías anteriormente publicadas:

67. Hawkes, Joyce W., "The Effects of Petroleum Hydrocarbons on Fish: Morphological Changes", en *Proceedings of a Symposium of Fate and Effects of Petroleum Hydrocarbons in Marine Ecosystems and Organisms*, editado por D. A. Wolfe. Nueva York: Pergamon Press, 1977, 115-68.

68. Hawkes, J.W., y C. M. Stehr., "Ultrastructural Studies of Marine Organism: A Manual of Techniques and Applications", *Electron Optics Bulletin* 118 (1982): 15-20.

69. Hawkes, J. W., "The Structure of Fish Skin. II. The Chromatophore Unit", *Cell and Tissue Research,* 149 (1974): 159-74.

70. Imagen superior: Hawkes, J. W., 1974, datos no publicados. Imagen inferior: Hawkes, J. W., 1974, datos no publicados.

71. Hawkes, J. W. "The Effects of Xenobiotics on Fish Tissues: Morphological Studies". *Federation Proceedings* 39, nº 14 (1980): 3230-36

72. Hawkes, J. W., 1976, datos no publicados.

76. Hawkes, J. W. "The Structure of Fish Skin. III. The Chromatophore Unit of Albinistic Rainbow Trot (*Salmo gairdneri*)". *Scanning Electron Microscopy* 4 (1982): 1725-30.

80. Spiral Galaxy M101 en *www.hubblesite.org/gallery/album/galaxy_collection/pr2006010a/*.

93. Mori, Akio, Julio 2005. Tests a la Dra. Hawkes en el laboratorio del Dr. Akio Mori en la Universidad Nihon de Tokio, Japón. Documental emitido por el Canal 4 de TV Nokia en Japón, el 8 de agosto de 2005.

94. Acosta-Urquidi, Juan, 2002, datos no publicados.

95. Acosta-Urquidi, Juan, 2002, datos no publicados.

Índice de términos

Los números de página en negrita corresponden a fotografías y datos numéricos; la letra t que sigue al número de ciertas páginas denota que se trata de una tabla.

Índice